De Toepasbaarheid van Enkele Stressmodellen en de relatie met verander-en stressmanagement in de werksituatie

De Toepasbaarheid van Enkele Stressmodellen en de relatie met verander-en stressmanagement in de werksituatie

Elisabeth van der Gulik

Printed in the United States of America

ISBN 978-1-957009-95-7 (sc)
ISBN 978-1-957009-96-4 (hc)
ISBN 978-1-957009-97-1 (e)

Library of Congress Control Number: 0000000000

History
2022.12.09

Contents

Voorwoord

1. Probleemstelling

In mijn boekje Het Verzuimgesprek The Absenteeism Conversation (2004) worden, behalve meerdere handreikingen voor de werkgever voor een goede benadering van de zieke werknemer, de theorieën van enkele stressmodellen uiteengezet. Bij de confrontatie tussen de werkgever en werknemer, met name bij het gesprek, zal de werknemer, die tevreden is met de werksituatie, onbevangen ten opzichte van de werkgever staan.

Indien de stressmodellen, zoals die door verschillende Onderzoekers zijn opgesteld, in positive zin bij Een werksituatie kunnen worden geïnterpreteerd, zal de desbetreffende werknemer een goed evenwicht hebben Opgebouwd tussen inspanning en rust (waardoor de w erknemer is zich in een flow-situatie bevindt).

Problem is echter, dat er zovele factoren zijn, die de werkomgeving in negative zin kunnen beïnvloeden. Deze factoren, die per bedrijf verschillen, zijn voor drie verschillende hoofdvormen van organisatie in deze studie onderzocht en beschreven. Falen van beleid kan aanleiding geven voor het ontstaan van situaties, die te herleiden zijn Tot een van de stressmodellen.

2. Methoden

Organisaties hebben ieder een eigen samenstel van regel-en coördinatiemechanismen. In het Handboek van Middle

Management (Drs.Visser-Westerbrink, 1996) a worden 6 Regelmechanismen genoemd:

- wederzijdse afstemming
- rechtstreeks toezicht
- standaardisatie van werkzaamheden
- standaardisatie van kennis en vaardigheden
- standaardisatie van resultaten
- Standaardisatie van normen

Een gezonde organisatie is onderhevig aan verandering non Stress. Uit de literatuur en andere informatiebronnen, zoals Rapporten, websites en uit eigen bronnen, zal blijken, hoe de organisatiemodellen ieder hun eigen problematiek hebben. Het zwaartepunt van de problemen ligt voor het ene model bij de individuele functie (voor de functionele organusatics), voor het andere meer bij de gezamenlijke produktie-activiteit per Unit (produkt/divide - organisaties). Bij de matrixorganisatie ligt het belang van de organisatie-activiteiten in deonderliggende afstemming en managementvaardigheden door improvisatie en creativiteit.

De toepasbaarheid van de stressmodellen worden aan de genoemde organisatiemodellen getoets in derespectievelijke hoofdstukken I, II, en III.

Inleiding

1. Stressmodellen

De vraag die wij ons stellen is: welke zijn de eisen, die gesteld kunnen worden aan de werkomgeving, om te voorkomen, dat er een situatie ontstaat, die aanleiding geeft tot stress. De volgende stress-modelle worden aan de orde gesteld:

het karasek Job-Strain model, waarbij het accent ligt op problemen rond de werkbelasting Karasek, 1990);

het Demand-Control-Support Model volgens Karasek & Theorell stelt, dat er rekening gehouden moet worden met de mogelijkheid van het ontwikkelen van spanning door te weinig regelmogelijkheden en ondersteuning van de medewerker, gebrek aan voortgezette opleiding (Karasek en Theorell, 1990);

het Effort-Reward Imbalance model van Siegrist, met accent op de beïnvloeding van de motivatie van de werknemer door de aard van de beloning en status van de werknemer (Siegrist, Klein en Viogt, 1997). Het model van Siegrist betreft een tekort aan arbeidssatisfactie, veroorzaakt Door slechte arbeidscondities, een hoge werkdruk en lage beloning, met weinig zicht op een veilige toekomst in de baan:

het inspanning- en herstel model van Meijman, die het belang omschrijft van de gelegenheid om te herstellen van de lichamelijke stress door inspanning (Meijman, 1989);

vervolgens het belasting-belastingbaarhlidsmodel (en het herwaarderingsmodel van van Dijk et al, 1990, met het accent op stress door de werkbelasting. Dit model richt zich vooral op de afstemming van de individuele belastbaarheid;

het Michigan organisatie stress model (bron: http://nl.prevent. be/print/4YRGCD-02), welke eveneens aan de orde zal komen, werd door diverse onderzoekers getoetst in het kader van effecten op de algehele gezondheid door stress op het werk (*Gezond Ondernemen, 1999*) en zal tevens in dit werkstuk ter toetsing opgenomen. Dit model brengt het belang van de persoonlijkheid en de persoonlijke waarneming van stress aan de orde.

Sociale omgeving	
Objectieve stressoren	subjectieve stressoren
Stressreactie	gezondheid
Persoonlijkheid	

Stressmodel volgens Michigan.

De genoemde stressmodellen zijn besproken in mijn eerste boekje Het Verzuimgesprek The Absenteeism Conversation. Een Hoofdstuk is hierin gewijd aan de gevolgen van stress voor de individuele belastbaarheid (Van der Gulik, 2004).

In deze tweede studie zijn de stressmodellen opnieuw onderwerp van discussie. Wij schenken nu aandacht aan de gevolgen van stress, in relatie to het organisatiemodel.

2. Toetsing Van Stressmodellen: Een Vergelijkend Onderzoek

Een gezonde organisatie is onderhevig aan verandering en stress. Aangenomen wordt, dat het type van organisatiemodel mede bepalend is voor het optreden van Stress, passend in een bepaald stressmodel... Drie typen van Organisatievormen, zoals in het voorwoord zijn aangegeven, vormen het uitgangspunt van onderzoek. Er wordt Gebruik gemaakt van gegevens, uit de literatuur en andere Informatiebronnen. Uit informatie uit artikelen, rapporten, websites en uit voorbeelden uit de eigen praktijk, zal Blijken, hoe de organisatiemodellen hun eigen problematiek Hebben. Hiertoe zullen per organisatievorm twee tot drie Voorbeelden uit de praktijk worden uiteengezet.

De werkingsmechanismen van de stressmodellen worden Op de volgende wijze getoetst:

In de hoofdstukken I, II en III wordt bekeken, hoe in drie organisatievormen - (Drs. Visser - Westerbrink, 1996) de stressmodellen kunnen worden geïnterpreteerd. Het zal van De soort organisatie afhangen welk werkingsmechanisme van stressvorming in werking treedt en welk stressmodel Zich zal laten gelden. Het gaat hier om respectievelijk: Functionele organisaties (hoofdstuk I), produkt- of Marktorganisaties (hoofdstuk II) en matrix-organisaties (hoofdstuk III), Deze organisatierormen hebben ieder een Eigen samenstal van regel-en coordination Eigen samenstel van regel-en coördinatiemechanismen. In het Handboek van Middle Management (Drs. Visser-Westerbrink, 1996) worden 6 regelmechanismen genoemd, zoals in het Voorwoord aangeduid.

De vakkundigheid van de werknemer zal aan een aantal citeria moeten voldoen. Deze criteria zullen tijdens het dienstverband bewaakt moeten blijven. De aard van de organisatie bepaalt de aandachtspunten en aanvullende voorwaarden om de medewerker goed te laten functioneren.

De literatuur verschaft ons veel informatie over de achtergronden van het ontstaan van de stressmodellen. Risico's van stress zijn bij voorbeeld onderwerp van Epidemiologische studies, zoals in Zweden in de SHEEP studie (Reuterwall, Hallquist, Ahlbom, De Faire, Diderichsen, Hogstedt, Pershagen, Theorell, Wiman, Wolk, 1999) het geval is, waar een omvangrijk onderzoek plaats Vond bij risicogroepen onder de gehele beroepsbevolking. Voluit betekent de SHEEP studie: The Stockholm Heart Epidemiology Program

Hoofstuk 1.

Het Stressmodel In De Functionele Organisatie

1.1. De Juiste Medewerker Op De Juiste Plaats

Voorbeelden van zuiver functionele organisatie zijn te Vinden in de vorm van: IT-Bedrijven, wooncorporaties, Laboratoria in een ziekenhuis, farmaceutische bedrijven, Gemeentelijke diensten, overheidsdiensten. Het komt er hier Op aan, dat de medewerker routinewerk verricht en goede kwaliteit kan leveren.

De werknemer van een bedrijf, behorend tot een functionele organisatie, voelt zich betrokken bij zijn functie (Mc Cann & Galbraith, 1982). De organisatie is opgedeeld in werk-units, bijvoorbeeld, in een Produktie-, Marketing-, Financierings- En Verkoop afdeling. De medewerker informeren over de functiebeschrijving en de functiewaardering, die het competentiekader aangeeft, is een belangrijk regelmechanisme, waarmee de werkgever zich kan bedienen om de motivatie Bij de werknemer te verhogen. Ook de omschrijving van het functioneel profiel, die de werkplek bepaalt, vormt een Belangrijk regelmechanisme van de functionele organisatie.

Een kwaliteitsmanager zal er naar streven voor een bepaalde Werk-unit de juiste mensen te kiezen. Hij kan dit doen door Middle van outsourcen en matchen. Hij zal er naar streven

Een vakbekwame mensen te verzamelen. Daarmee wil Hij ten eerste bereiken, dat er een goed produkt tot stand komt.

Om de kwaliteit van het produkt echter te handhaven is Nodig, dat er aan een aantal voorwaarden is voldaan. De teams, die nodig zijn uit medewerkers, waarvan het te verwachten is, dat zij wat betreft hun *persoonlijk* funcioneren, op elkaar ingespeeld kunnen raken. De kwaliteitsmanager zal rekening houden met de samenstelling van de typen van persoonlijkheden en inzet, die van de medewerkers te Verwachten is (van der Gulik, 2004).

In een functionele organisatie is het belangrijk om te werken aan specialisatie en vakkundigheid van de medewerker. De kwaliteit van de vakkundigheid van de medewerker zal op nader te bepalen wijze moeten worden gewaarborgd. Een beleid zal hiervoor moeten worden uitgestippeld.

1.2. Hoe Wordt De Kwaliteit Van De Medewerker Gewaarborgd

1.2.1. ontwikkeling Van Leermomenten Voor De Medewerker: een belangrijke taak voor de manager

Om hen te motiveren is het voor medewerker belangrijk te weten, welke *carrièremogelijkheden* er zijn. Zij zullen zich op de hoogte willen stellen van de mogelijkheden om bij te scholen. De werkgever zal voor alle medewerkers voor *leermogelijkheden* zorgen, om zo goed mogelijk binnen het team te kunnen blijven functioneren.

1.2.2. Economie

Omstandigheden van buitenaf, zoals *economische factoren,* zijn van invloed op de positie van het bedrijf. Het bedrijf zal zijn klantenkring zien krimpen, als de economie niet goed draait. In minder goede economische omstandigheden zal de werkgever de neiging hebben om het uitgavebeleid ten aanzien van de personeelsvoorzieningen aan te passen en zo zuinig mogelijk om te gaan met het personeelsbestand.

1.2.3. Sociale Omstandigheden

Privé omstandigheden. sociale controle vanuit de omgeving, persoonlijke omstandigheden, zijn factoren, die het functioneren van een medewerker in negatieve zin kunnen beïnvloeden. Het produktieteam zal er voor moeten Zorgen, dat het produktieproces niet in de knel komt. Het komt er nu op ann, dat de verantwoordelijke manager zijn Leiderschap kan tonen en goed weet om te gaan met sociale Problematiek (Whitmore, J. (2003).

1.3. Op Zoek Naar Het Stressmodel

Om na te gaan, waar de knelpunten liggen in het systeem van de functionele organisatie, worden hier enkele voorbeeldsituaties beschreven, uit de literatuur en uit Eigen praktijk. Van daaruit zal worden bekeken of er een Bepaald stressmodel is, die de oplossing kan leveren voor De problemen uit de praktijk.

1.3.1. Voorbeeldsituatie I: Casus Uit Eigen Praktijk, Een It-bedrijf:

1.3.1.1. Inleiding:

Een IT-bedrijf wil een nieuwe gespecialiseerde afdeling opzetten met high technologie, die systemen controleert en Kan herstellen, als er fouten gemeld worden, De manager zal die werknemers daarvoor dienen uit te kiezen, die gewend zijn zelfstandig te werken en problemen op te Lossen. Hij zal er voor moeten zorgen, dat de medewerkers precies weten, wat hun functie inhoudt en wat het doel is van de nieuwe afdeling. De teamleden zullen in het beste geval moeten worden uitgezocht (gematched), op grond van hun opleiding en eigenschappen. Adviseurs noemen dit competentiemanagement (Wortman en Sellink, 2022).

1.3.1.2. Probleemstelling:

Een medewerker meldt zich bij de bedrijfsarts, omdat hij bang is, dat hij zich ziek moeten melden, als er geen Maatregelen worden genomen. Hij vindt, dat hij niet goed functioneert in zijn functie van controller van een nieuw automatisch systeem. Hij lost veel problemen zelfstandig Op, maar hij weet eigenlijk niet of hij het wel goed doet. Hij weet niet, hoe zijn leidinggevende erover denkt. Hij voelt zich erg onzeker. Hij krijgt er hoofdpijn van en hij is bang, Dat die hoofdpijn nog zal toenemen.

1.3.1.3. Verloop:

De bedrijfsarts belooft, dat deze kontak op zal nemen met de leidinggevende om aan te geven, dat er een problem is. Het blijkt, dat er inmiddels een andere leidinggevende Verantwoordelijk is voor de betreffende afdeling. De vorige leidinggevende wist niet anders, dan dat de betreffende werknemer goed functioneerde. De nieuwe leidinggevende zal een gesprek hebben met de medewerker. De medewerker is uiteindelijk korte tijd ziek gemeld en hij is op een andere werkplek geplaatst.

1.3.1.4. Bespreking:

Indien geen aandacht wordt besteed aan leermomenten Voor de medewerker tijdens het produktie proces, dan komt de medewerker in de problemen. Het is belangrijk in de functionele organisatie, dat de werknemer via training Informatie krijgt over zijn plaats in het produktieproces, Zodat hij weet hij in het proces past. Het gaat erom, ervoor te zorgen, dat de deskundigheid van de medewerker door Bij-en nascholing zal worden getoetst en onderhouden.

1.3.1.5. Welk stressmodel is aan de orde?

Het demand-control-support model volgen karasek- Theorell is hier van toepassing. De medewerker, die met vragen bij de bedrijfsarts kwam, verkeerde in de gevarenzone van hoge taakeisen en weinig leermogelijkheden. Beperkingen traden op als een gevolg van te weinig sociale ondersteuning van de werkgever en afwezigheid van feedback, waardoor de motivatie om de eigen functie goed neer te blijven zetten ontbrak. Hoe kunnen we de betekenis van het model vertalen naar dit voorbeeld? Laten wij het als volgt bekijken: De werknemer In dit voorbeeld, heeft een psychologische belasting te verwerken door de moeilijkheidsgraad van het aangeboden Werk. Omdat hij geen ondersteuning ondervindt van zijn

Werkomgeving, kan de werknemer geen regelmechanismen inbouwen. Regelmechanismen maken het hem mogelijk om te presteren, in overeenstemming met het werkaanbod, in overeenstemming met diens belastbaarheid.

1.3.1.6. Zijn er nog andere stressmodellen, behalve Het model van Karasek-Theorell van toepassing?

Als wij het stressmodel volgens Karasek bekijken, betreft Deze vooral de werkdruk en het werkaanbod, waardoor de medewerker in de knel komt. Het accent van het model van Karasek (met het accent op de werkdruk, werkbelasting) is gericht op een ander probleem dan die van Karasek- Theorell en voor onze casus minder interessant. Zo kan ook een vergelijking gemaakt worden voor de andere Modellen hebben een zekere toepasbaarheid. Aan de hand van de overige casussen zullen we later zien, dat het model van Michigan volgens Caplan een zeer volledig model is, waarvan de toepasbaarheid universeel is. Het betreft de sociale ondersteuning van de medewerker in alle facetten. Dit hangt mede samen met de ontwikkeling van de maatschappij, waarin de psychosociale omgeving een Steeds belangrijker rol speelt.

Voor de functionele organisatie is juist een samenstel van Stressmodellen nodig om de stressoren weer te geven in het bedrijf.

1.3.2 Voorbeeldsituatie II: CASUS uit eigen praktijk, een laboratorium:

1.3.2.1. Inleiding:

De bedrijfsstructuur van een willekeurig laboratorium is zodanig opezet, dat de produkten aan bepaalde eisen Voldoen. Het Bedrijfstype beantwoordt aan het model van een functionele organisatie Het accent van de regelmechanismen is gelegen in standaardisatie van werkzaamheden, standaardisatie van kennis en vaardigheden, standaardisatie Van resultaten (zie de inleiding). Bevoegdheden zijn heel Belangrijk. Managers en ondergeschikten hebben dezelfde deskundigheid. Door druk van buiten om snel produkten te leveren, lopen de medewerkers het gevaar, niet voldoende aandacht te schenken aan de kwaliteitseisen (Adyin & Rice, 1992). Het komt er op aan, dat medewerkers en leidinggevenden goed kunnen samenwerken en ook over produkt- en marktprioriteiten een lijn volgen. De sociale interactie tussen de verschillende afdelingen is belangrijk.

1.3.2.2. Probleemstelling:

Een kwaliteitsmedewerkster van een laboratorium is voor Haar functie vaak op pad. Zij is als enige medewerker volledig op de hoogte van de eisen, die certificering van produkten Met zich mee brengt. Zij heeft de benodigde kontakten om De continuïteit van het laboratorium te waarborgen. Zij Komt echter in konflikt met haar kollega's, die met haar wedijveren om invloed uit te oefenen op de afdeling. De direkteur blijkt vooral de kant van haar kollega's te kiezen. Zij voelt zich in de steek gelaten. Toch weet zij, dat zij de enige is, die op de hoogte is van het kwaliteitsproces.

1.3.2.3. Verloop:

De medewerkster raakt in stress. Zij meldt zich ziek en na bemiddeling door mediation zal het pas mogelijk zijn om haar eigen plaats in het laboratorium weer in te nemen.

1.3.2.4. Bespreking:

De functie van onze medewerker vertegenwoordigde een vernieuwende factor binnen het bedrijf. Zij zorgde er steeds weer voor, dat het produktieproces aan nieuwe regels werd aangepast. Het blijkt uit de literatuur (Kok, 2005). dat er Een weerstand is tegen uitwisselen van gegevens tussen een researchafdeling en de overige afdelingen. Het is een ware Uitdaging om afdelingen, belast met marktontwikkeling en afdelingen, belast met innovatie, met elkaar integreren (Katz, 2003). De afdelingen in een bedrijf hebben een Verschillende status en verschillende bronnen, waar zij uit putten. Er zijn weinig gemeenschappelijke bronnen. De afdelingen in een bedrijf hebben ieder een lokale cultuur (de Moor, 1997), waardoor de criteria ten aanzien van het gedrag verschillen. Gedreven door onvrede met de eigen job en onzekerheid over de eigen functie in een periode Van veranderingen, hebben de medewerkers ieder een eigen strategie. Zij zullen zich op korte of lange termijn doen gelden (McCann and Galbraith, 1982).

Common sense making (de Moor, 1997),dient er voor om door middel van persoonlijke interacties juist tot een Gemeenschappelijke zingeving te komen, die werkbaar moet zijn. Voor sommigen kan dit een aanleiding zijn tot stressvorming. Voor anderen is common sense juist een uitdaging. Samen vormen zij de cultuur van het bedrijf en zo onstaat het individuele constructionisme.

De bedrijfscultuur zal zodanig moeten zijn ingericht, dat zij vernieuwing van produkten en produktie-eenheden ondersteunt. De bedrijfscultuur zal flexibiliteit met de verbinding naar de oude cultuur waarborgen. Experimenten en zekere risico's zullen door de aard van de bedrijfscultuur ondersteuning vinden binnen het gehele bedrijf (Tushman en O'Reilly, 2004).

Het gevaar van vernieuwen is, dat er nooit een einde komt Aan de transformatie van bestaande produkten (Norman, Palich, Livingstone en Carini, 2004).

Hoe zal vernieuwende manager er voor zorgen, dat de medewerkers van zijn team ondanks de wijzigingen in het bedrijf, veiligheid en steun ondervinden. De oplossing zit hem daarin, dat de medewerkers de keuze wordt gelaten om zelf te kiezen een taak op een standaard wijze te doen Or meer op een creatieve wijze uit te voeren (contextual ambidexterity). De medewerker wordt op deze wijze gericht op zijn functie, als onderdeel van de gehele organisatie en niet alleen op zijn eigen taak. Birkinshaw en Gibson (2004) benadrukken het belang van social support en performance management om mensen te stimuleren. Medewerkers ondervinden veiligheid en worden gestimuleerd door vrijheid van handelen.

De vernieuwende manager is volgens Kanter (2004) iemand, die vooral overredingskracht heeft, een team weet te vormen en anderen uidaagt tot input, de inzet van anderen erkent, Belonging en success deelt met anderen en een meewerkende houding heeft. In onze casus zou de kwaliteitsmedewerker, in het geval zij goed zou functioneren in haar team, ondersteund moeten worden door een manager, die haar inzet erkent. De directeur van het bedrijf heeft heer echter, in zijn functie als haar leidinggevende, tegengewerkt, in plaats van haar en haar afdeling op het juiste spoor te brengen van onderlinge saamhorigheid. Hierdoor voelde de medewerker zich bij haar taken van kwaliteitsbewaking niet ondersteund. Zij miste de sociale veiligheid in haar werk. De casus vindt opnieuw zijn weerspiegeling in het stressmodel van Karasek-Theorell.

1.3.3. Voorbeeldsituatie III: CASUS uit de eigen praktijk, van de welzijnszorg

1.3.3.1. Inleading:

Vanwege bezuinigingen door de overheid, moeten bedrijven in de welzijnsector, om te overleven, het beleid ten aansien van hun produkt volledig aanpassen, De subsidie is aanmerkelijk verminderd, zodat er afdelingen opgeheven moeten worden. Er worden nieuwe afnemers gezochr, maar zij stellen ander eisen aan de producten.

1.3.3.2. Probleemstelling:

Een medewerker werkt al jaren als groepsbegeleidster in een bedrijf van de welzijnszorg. De opdrachten komen van de gemeente, die sociaal zwakkeren de gelegenheid geeft om bezig te zijn en onder begeleiding de dag door te brengen. De bezoekers zijn aan het handwerken of zijn op andere wijze nutting bezig. Door de nieuwe wijze van financiering zal er minder gelegenheid zijn om dergelijke groepen volgens het oude systeem op te vangen. Een aantal afdelingen zullen moeten verdwijnen. Er komen commercieel gerichte afdelingen voor in de plaats, die door een verzekeringsmaatschappij worden gefinancierd. De groepsleidster raakt in hevige stress, omdat haar leidinggevende vindt, dat zij niet voldoet aan de nieuwe doelstellingen van het bedrijf. In verband met de reorganisatie worden er andere eisen gesteld. De functiebeschrijvingen worden gewijzigd. Voor de medewerker is geen plaats meer. Volgens de leidinggevende voldoen de capaciteiten van de medewerker niet meer aan de eisen van de functies, die voor De nieuwe opzet van de organisatie beschikbaar zijn.

1.3.3.3. Verloop:

De medewerker raakt in een langdurige strijd gewikkeld met haar leidinggevende. Na overleg, door middel van mediation, zal de leidinggevende uiteindelijk de medewerkster in een passende functie de gelegenheid moeten geven om mee te bouwen aan de toekomst van het bedrijf.

1.3.3.4. Bespreking:

Vernieuwend denken in een organisatiesysteem houdt in, dat de werknemers de volgende wijze van denken hanteren: Risico nemen, synthesis, coöperatie (openheid in het delen van kennis met anderen), collectiviteit (groepsgebeuren) en gelijkheid.

Desondanks kunnen er tussen de afdelingen verschillen ontstaan, die aanleiding geven tot konfliktsituaties.

Mc Cann and Galbraith (1982) hebben hiervoor enkele oplossingen aangeleverd. Deze zijn: uitstel van de confrontatie, compromissen zoeken, hiërarchische strategie, aanmoediging tot een appreciatie van onderlinge afhankelijkheid (interdependancy).

Indien de afdelingen onderling gemakkelijk communiceren, bevordert dit de samenwerking. Op deze wijze ontstaat de Grondslag voor het geïntegreerd vernieuwend werken en voor het leveren van (standaard) produkten. In de hier besproken casus is geen gelegenheid geboden aan de medewerker om met andere afdelingen te communiceren. Zij werd er van buiten gesloten. Er ontbrak ten enentmale de wil om haar een adequate sociale ondersteuning te bieden om haar ook buiten haar team te integreren (geïntegreerd denken in de onderneming). Het model van Karasek-Theorell is wederom het model, dat van toepassing blijkt te zijn voor een situatie in een functionele organisatie.

Hoofdstuk 2.

Het Stressmodel In De Produkt- Of Marktorganisatie

2.1. Inleiding

De produkt- of marktorganisatie, ook wel dividieorganisaties genoemd, zijn opgebouwd uit werk-units, die samen verantwoordelijk zijn voor het produkt. De verdeling van de verantwoordelijkheden binnen de units is duidelijk. De managers zijn breed inzetbaar, evenals de medewerkers, die vaak binnen het bedrijf van plaats veranderen. De werkunits zijn zowel verantwoordelijk voor het produkt, de produktie, de marketing en de verkoop. Voorbeelden zijn: drukkerijen, inpakbedrijven, vleesverwerkende industrie, conservenfabrieken, produktie van cosmetica, landbouw en veeteelt, winkelbedrijven.

Nadeel van de opzet van de divide-organisaties is, dat specifieke kennis niet tot zijn recht kan komen. Binnen het projectteam kan onenigheid ontstaan over de prioriteit van het produkt. Het zwaartepunt van de organisatorische regelmechanismen is gelegen in de wederzijdse afstemming (McCann en Galbraith, 1982).

Er wordt veel van het aanpassingsvermogen van de Medewerkers gevraagd. Buiten de eigen groep is er weinig kans om door te groeien binnen het bedrijf.

2.2. Het belang van het kiezen van de juiste Medewerker c.q. Leidinggevende in de divisie- organisatie

In een produktiebedrijf, zoals een inpakbedrijf, zullen de diverse schakels van het produktieproces goed op elkaar moeten zijn ingesteld. Zo zal worden voorkomen, dat het proces op één plaats in de produktieketen stokt. Was het in de functionele organisatie zo belangrijk maakt, dat er voldoende aandacht wordt geschonken aan de aan de direkt psychosociale ondersteuning op de werkvloer en door de leidinggevende, Bij de produktiebedrijven zal het nodig zijn, aandacht te hebben voor de lichamelijke en geestelijke Toestand, wil de produktie op peil blijven. De manager zal Zorgen, dat de hele groep goed draait. Hij zal de groep als geheel goed in de gaten houden. Hij zal zich er voor inzetten, dat de juiste medewerker op de juiste plaats komt.

2.3. CASUS. Voorbeeldsituatie IV uit de praktijk, Een sorteer- en inpakbedrijf

2.3.1. Inleiding.

In een aardappel-inpakbedrijf hebben de medewerkers gemeenschappelijke taken, die beginnen met het sorteren van de aardappelen tot en met het opstapelen en afvoeren van de zakken aardappelen. De verschillende handelingen Vragen ieder een ander soort handeling en de belasting wisselt per onderdeel in de produktieketen. Lichamelijke klachten kunnen maken, dat een medewerker al of niet tijdelijk op een plaats niet ingezet kunnen worden. Omdat alle schakels in een produktiesnelheid op alle plaatsen even Snel moeten verlopen, zal het proces niet op één plaats Moeten stagneren. Hier ligt voor ten minste een aantal medewerkers een bron van stress.

2.3.2. Probleemstelling:

Een medewerkster van het bedrijf, genoemd in de inleiding, valt frequent uit. Zij was voorheen werkzaam in de gezondheidszorg. Het werk was echter te zwaar geworden En zij zocht lichter werk. Op zich was het werk aan de lopende band niet te zwaar, maar, omdat zij overuren moest maken, verviel zij in haar oude kwaal: Zij kreeg weer last van haar knieën en zij viel uit.

2.3.3. Verloop:

In eerste instantie begreep de werkgever niet de ernst van de kwaal. De communicatie hierover was niet volledig Mogelijk, omdat de medewerkster zeer beperkt Nederlands sprak. Zij was van Marokkaanse afkomst. Zij kwam pas in een later stadium bij de bedrijfsarts, nadat zij al verschillende stadia van gedeeltelijk herstel en pogingen tot reintegratie had doorgemaakt. Zij moest zich nu volledig ziek melden en zij kwam terecht in een langdurig ziekteproces.

2.3.4 Bespreking:

Wanneer wij het Michigan model van Caplan bekijken, zijn er voor de casus meerdere herkenningspunten te vinden. De sociale omgeving, maar vooral de gezondheidstoestand en de persoonlijkheid van de Marokkaanse medewerkster waren aanleiding voor het ontstaan van stress. Zij voelde zich in een Nederlandse mannenomgeving niet thuis en zij had een angst ontwikkeld voor de werkgever.

Het STRESSMODEL van Michigan wordt hier opnieuw voorgesteld in een schema:

Sociale omgeving	
Objectieve stressoren	subjectieve stressoren
Stressreactie	gezondheid
Persoonlijkheid	

Stressmodel volgens Michigan.

Indien de werknemer overeenkomstig haar belastbaarheid werk had verricht, dan had zich mogelijk niet ziek hoeven te melden (Kleber, 1982).

Een medewerker is in een voortdurende wisselwerking tussen objectieve en subjectieve spanningen (Kahn en French en Caplan hebben hier velerlei onderzoeken naar verricht). De subjectieve spanningen zijn een reactie op invloeden van buitenaf, die als bedreigend kunnen een negatieve stressreactie veroorzaken, als de persoonlijke reactie om met het probleem om te gaan *(coping)*, niet voldoende is.Een fysiek probleem kan hiervan het gevolg zijn.Voor het toetsen van het Michigan stress model, dat de invloed van werkomstandigheden weergeeft, in combinatie met de persoonlijke condities, is de TOMO-lijst een toepasselijke checklist. Deze checklist onderzoekt de elementen, die voor De werknemer van belang zijn voor het welzijnsgevoel. Deze Elementen zijn: arbeidsinhoud, arbeidsomstandigheden arbeidsvoorwaarden en arbeidsverhoudingen binnen het bedrijf. Het probleem kan zich bij een enkele individuele werknemer aandienen. Voor het geval, dat er meerdere medewerkers tekenen van stress tonen, zal het nodig zijn om collectief maatregelen te nemen.

2.4. CASUS. Voorbeeldsituatie V uit de praktijk, Een produktiebedrijf

2.4.1. Inleiding:

In een produktiebedrijf, waar zware kluisdeuren en luiken worden vervaardigd, wordt er dagelijks zware lichamelijke Arbeid verricht.De werkdruk laat niet toe, dat de medewerkers van de ondersteunende hulpmiddelen gebruik Maken. Het ouderenbeleid is niet toereikend, waardoor het Werk voor de oudere medewerker te zwaar wordt. Voordat de medewerkers de pensioengerechtigde leeftijd bereiken, vallen zij voor hun eigen werk uit. Zij zullen of in de WAO terecht komen, of in de WW, omdat zij voor de WAO nog te goed zijn om volledig afgekeurd te worden. Dit betekent voor veel ouderen het einde van het arbeidsleven (Peters, 1995).

2.4.2. Probleemstelling en verloop:

Omdat er een reorganisatie plaats vindt, ontstaat er voor De medewerkers een onzekere situatie. De stress voor de oudere medewerkers wordt nu ondraaglijk. De een na de ander meldt zich ziek. In plaats van oplossingen te zoeken, en de stressproblemen bespreekbaar te maken, hebben de medewerkers een afwijzende houding aangenomen, Zij gaan passief met de problemen om. De werknemers ontkennen vaak, dat stress aanleiding is voor de klachten. Zij herkennen de situatie niet op tijd als bedreigend voor hun gezondheid. De organisatie is vastgeroest. Er is geen Plaats voor flexibiliteit en creativiteit.

2.4.3. Bespreking:

Sociale omgeving	
Objectieve stressoren	subjectieve stressoren
Stressreactie	gezondheid
Persoonlijkheid	

Stressmodel volgens Michigan.

Het Michigan model voorziet in een samenstel van persoon-lÿkheidsproblematiek en sociale omgevingsfactoren. De medewerkers van het bedrijf, dat hier is genoemd, hebben, omdat er lange tijd geen aandacht werd geschonken aan vernieuwing en aanpassing van de werkomgeving, gedurende lange tijd een negatieve stress opgebouwd. Reeds in 19556 had de arts-onderzoeker *H.Selye,* endocrinoloog, reeds onderzoek gedaan naar de gevolgen van stress. Langdurige negatieve stress leidt uiteindelijk tot een aanpassing- ssituatie, die uitmondt in lichamelijke klachten (Selye, 1956).

Selye voorzag een volledige afbraak van het hormonale adaptatiesysteem bij langdurige overmatige belasting door stress. Volgen Selye bestaat er een verband tussen de aanpassing van het hormonale systeem en verschillende ziektes. Het syndroom, dat ontstaat, als gevolg van langdurige blootstelling aan stress heet het syndroom van Selye ofwel het Algemene Adapatie Syndroom (het General Adaptation Syndrome).

In hoofdstuk V wordt nader ingegaan op de te nemen Maatregelen om stress in de bedrijfssituatie te voorkomen.

2.5. CASUS. Voorbeeldsituatie VI uit de praktijk, Een uitzendorganisatie.

2.5.1. Inleading.

Een ander voorbeeld, waarbij het functioneren van een medewerker niet orde kon komen, omdat er vanuit de organisatie gebrek was aan sociale ondersteuning door het management, de werkomgeving en de sociale omgeving, biedt de volgende casus:

2.5.2. Probleemstelling.

In een uitzendorganisatie, dat voor bedrijven oppasadressen Verzorgt. Voor de kinderen van de medewerkers van die bedrijven, is er een groot verloop onder de medewerkers, die de acquisitie verzorgen van het werven van deze bedrijven. Zij gaan telkens weg, als het kontrakt ten einde loopt en zij krijgen te horen, zij niet voldoen aan de eisen, die de functie stelt. Op zeker moment krijgt een medewerker klachten van hartkloppingen en hyperventilatie. Zij heeft te horen gekregen, dat haar kontrakt niet zal worden verlengd. Het hoofd van de afdeling Personeelszaken laat haar weten, dat vanuit de werkgever grote twijfels bestaan over haar capaciteiten. Zij adviseren haar om een andere functie aan te nemen binnen het bedrijf, op een plaats, die andere eisen stelt. Behalve deze problemen, heeft de medewerker problemen in haar privé situatie. De relatie met haar vriend Verslechterd. Zij probeert haar werk toch zo goed mogelijk door te zetten, tot het einde van haar kontrakt.

2.5.3. Verloop.

De medewerkster loopt op een dag overstuur van haar werk. Zij meldt zich ziek. Als zij bij de bedrijfsarts komt, doorziet deze het probleem. De medewerkster zal zelf aan haar situatie actief het hoofd moeten bieden en zelf een oplossing moeten zoeken. De arts geeft haar een vragenlijst mee, die haar meer duidelijkheid zal geven over haar klachten.

Deze vragenlijst, genoemd: de 4DKL vragenlijst, ofwel de vierdimensionale klachtenlijst van Dr. B Terluin, is zodanig opgesteld, dat zowel de aard van de lichamelijke, Als de aard van de psychische klachten wordt uitgevraagd, Waardoor de werkneemster er toe aangezet wordt om de gezondheidssituatie bij zichzelf te onderzoeken. Naarmate de klachten ernstiger zijn, en langer aanhouden, hoe meer de stress-situatie de vorm van een distress-reactie zal aannemen en de klachten zullen uiteindelijk leiden tot een depressie.

Naarmate de werkneemster thuis tot bezinning komt, hoe Beter zij inziet, hoe zij zich door de omstandigheden heeft laten meeslepen. Haar klachten zullen niet verdwijnen, als zij zich niet anders opstelt ten opzichte van haar problemen. Zij besluit weer aan het werk te gaan en zo spoedig mogelijk Er voor te zorgen, dat zij elders werk vindt.

2.5.4. Bespreking:

Het stressmodel volgens Michigan is hier wel goed op zijn plaats. Er zijn schadelijke effekten als reactie op een complex van factoren. De medewerker had niet meteen de juiste weg Gevonden om met de situatie om te gaan. De medewerler kon niet beantwoorden aan de eisen, die de werkgever stelde. De medewerkster signaleerde uiteindelijk, dat de werkvoorwaarden niet beantwoordde aan de voorstelling, die zij zich had gemaakt van de werkomgeving en het kontakt Met de werkgever en de kollega's. Dit was de aanleiding, dat zij in stress raakte en lichamelijke reactie ging vertonen on de vorm van hartkloppingen en hyperventilatie. Uiteindelijk moest zij zich ziek melden.

2.5.4.1. Coping

De typische reactie op stress, ofwel coping, die per persoon verschilt, kan eveneens worden weergegeven in modellen. Deze modellen komen uit de gezondheidspsychologie. Deze modellen zijn: Het interactie model, het transactiemodel, het health behaviour model, het predispositie model en het model van het *ziektegedrag* (www.WIU.edu/psychology/2005/ classwebpages/ Spring 2005/files/3215Personallitystresscopin gHealthpdf).

Het interactiemodel richt zich op de invloed van de persoonlijkheid op het omgaan met stress en de relatie met het ontwikkelen van ziekte.

Het transactiemodel richt zich op de invloed van de persoonlijkheid op de interpretatie van de gebeurtenissen om ze door de persoon stressvol te ervaren. Door de aard van de persoonlijkheid creëert de persoon bepaalde situaties en hij kiest voor een bepaalde actie.

In het health behaviour model oefent de persoon invloed uit op zijn algehele gezondheidstoestand door zijn gedrag, zoals door roken, onveilige sex.

In het predispositie model wordt de aandacht gevestigd op de fysiologische reactie. De fysiologische reactie van de persoon predisponeert hem voor een bepaalde persoonlijkheid en ziekte. Hij zal profijt hebben van cognitieve therapie. Het illness behaviour model wordt bepaald door het type van actie, dat iemand onderneemt, wanneer hij heeft vastgesteld, dat hij ziek is. Hij zal profijt hebben van afleiding van zijn aandacht op een ander onderwerp.

In het geval van bovengenoemde casus van de Uitzendorganisatie, heeft de medewerkster getoond, dat zij ervoor kiest zich teweer te stellen tegen de situatie door in eerste instantie fysiologische stressreacties. Vervolgens heeft zij zich teweer gesteld door positieve initiatieven te Bedenken en ernaar te handelen. Dit deed zij, op geleide van hulp van buitenaf, de bedrijfsarts. Zij ging op zoek naar een alternatief in de vorm van een andere betrekking. Hoe met het aanbod van de stress uiteindelijk wordt omgegaan in een werksituatie, verschilt per persoonlijkheid. Ook zal het aanbod van stress afhangen van economische factoren. Het voortbestaan van het bedrijf kan in gedrang komen, als het werkaanbod minder wordt. In dat geval is er weer een ander stress aanbod. Bij reorganisatie zal de medewerker zich gemakkelijk bedreigd worden ten aanzien van de eigen sociale zekerheid.

Sociale omgeving	
Objectieve stressoren	subjectieve stressoren
Stressreactie	gezondheid
Persoonlijkheid	

Stressmodel volgens Michigan.

Wanneer de oplossing, die medewerkster zich voorgesteld heeft, te lang op zich laat wachten en de omstandigheden op het werk veranderen niet, dan is er kans op een blijvende stress situatie met ernstige gevolgen. We hebben het syndroom van Selye, dat zich in een dergelijke situatie aandient, in de vorige casus V. besproken.

Van de stressmodellen, die in deze studie worden getoetst, blijkt, dat het stressmodel van Meijman en Dormolen eveneens een dergelijke situatie aan de orde stelt. Meijman stelt de meetbare stressreactie in de vorm van een verhoogde adrenalinespiegel aan de orde, bij inspanning. Indien de inspanning te lang op een hoog peil blijft, dan is de tijd, die nodig is om weer naar een normaal niveau te herstellen, des te langer. De andrenalinespiegel zou op deze wijze langdurig op een zelfde peil kunnen blijven en niet zijn verminderd na een rustig weekend. Dan is ook de kans aanwezig, dat een rustig weekend. Dan is ook de kans aanwezig, dat een vakantie niet meer helpt om van de gestresseerde lichamelijke toestand te herstellen.

Omdat we hier een situatie treffen, waarbij de medewerker Overvraagd wordt en de individuele belastbaarheid wordt overschreden, kunnen we hier ook het stressmodel van van Dijk herkennen. Indien de sociale ondersteuning tekort schiet wordt het werkaanbod snel te zwaar.

Bedrijven moeten in staat zijn zich aan te passen aan Nieuwe omstandigheden. Als het de medewerker niet lukt om een bepaalde functie goed neer te zetten, zal het nodig zijn om hieraan speciale aandacht te schenken, in plaats van de zogenaamde niet functionerende medewerker nog verder te demotiveren. Het Michigan model levert ons informatie, dat interventie in een situatie, waar de medewerker in de stress raakt, noodzakelijk is en nutting. De subjectieve spanningen zijn een reactie op invloeden van buitenaf, die voor de medewerker als bedreigend worden ervaren.

In deze laatste casus liep het functioneren van de medewerker vast vanwege problemen in de sociale omgeving.

Hoofdstuk 3.

Het Stressmodel In De Matrix-organisatie

3.1. Inleiding

Matrix-organisaties zijn organisaties, bestaande uit een mengvorm van functionele- en produktorganisaties. De produktieteams, die gewoonlijk georienteerd zijn op de markt, worden aangestuurd door de functionele afdelingen.

Voorbeelden zijn: dienstverlenende bedrijven, zoals Adviesbureaus, die medewerkers in dienst hebben, die zowel als adviseur als als trainer actief zijn. Zij werken op projectbasis. Produktieprocessen in continubedrijven, zoals chemische fabrieken, moeten zorgen, dat er bij het produktieproces voortdurend stops worden gepland voor Onderhoud van het materieel.

Opdrachten voor projecten worden met behulp van een risico-analyse in kaart gebracht. Bij voorbeeld bij een tevredenheidsonderzoek door de werkgever, om te zien hoe de tevredenheid van de medewerker is ten opzichte van een Bepaalde voorziening in het bedrijf, zal eerst een schatting worden gemaakt van de tijd, die nodig is om het onderzoek voor te bereiden en vervolgens uit te voeren en een rapport te maken. Het fenomeen tijdschrijven en effektiviteit is een gebruikelijke manier in een matrix-organisatie om De kwantiteit en de kwaliteit van de activiteiten vast te leggen.

Hoe beter de inschatting is van het aantal mensen, dat nodig is voor een produkt, en de inschatting van de benodigde competentie overeenkomt met het uiteindelijke produkt, des te beter is de effektiviteit van het project. Ook zal er een Afspraak gemaakt worden omtrent het tijdstip, waarop het project het beste uitgevoerd kan worden om de effektiviteit te vergroten.

3.2. Op zoek naar de juiste medewerker en de juiste manager in een matrix-organisatie

Om te voorkomen, dat de medewerkers van een bedrijf in De stress raken, is het nodig, dat er ruimte is voor de opvang van onvooriene gebeurtenissen. Dit vereist een goede zogenaamde resource-management van de uit te voeren projecten. Bij het inzetten van de service-medewerkers is het om te beginnen al nuttig, om de planning van de reiskosten en de manuren te maken. Dit is een belangrijk onderdeel van resource-management (zie: PowerProject in: http://www.zbc.nu/main. asp?ChapterID==1653).

Bij de risico-analyse voor het opstellen van een planning, Wordt tegenwoordig gebruik gemaakt Van computer gestuurde programma's. Bij projecten worden managers aangesteld, die het project aansturen, inclusief De erbij behorende produktie-afdelingen en de produktie- manager. De produktie-manager heeft bij het project weinig autoriteit over de middelen, die vanuit de functionele Afdelingen worden ingezet (Nijstrom en Starback, 1981).

Vaak zijn er meerdere project-managers. De medewerkers Uit de functionele afdelingen kunnen op meerdere projecten tegelijk worden ingezet. Voor het werken in een dergelijke organisatie is een vereiste, dat de medewerkers, maar vooral de managers sterke communicatieve vaardigheden bezitten, Om de motivatie bij de medewerkers te kunnen handhaven.

Bij de projecten is een goede aansturing nodig. De mede-Werkers dienen goed te kunnen samen werken. De organi-satievorm is duur. De medewerkers zijn gespecialiseerde Krachten.

De functie van de manager wordt bepaald door een samenspel van analytische wijze van werken en flexibiliteit. De medewerker, die onder supervisie staat van de manager, Siet graag, dat de leidinggevende blijk geeft van een visie en Van daaruit beslissingen neemt (Uit: Opleiding & Training, 2004)

Voor de manager is vakkennis soms niet nodig. He gaat om Een generalist, die op de juiste pick en op het juiste moment aanwezig is en er ook niet lang zal blijven. De coach is er op het moment, dat voor hem de "Flow-periode" betekent. Hij zal zorgen voor interactie, uitwisseling en informatie, Waardoor de relatie tussen de afdelingen bevorderd wordt.

Er is een omgekeerde relatie in de interactie tussen de groepen en de mate van interactie, die plaats heeft binnen een afdeling (Mc Cann en Galbraith, 1982).

De computer biedt een middel tot het leggen van meer Diepgaande kontaken. Door de kontaken wordt de produktiviteit verhoogd (Interdepartmental relations in

Handbook of Organization Design, Nijstrom en Starback, 1981)

3.3. CASUS VII. Voorbeeld uit de praktijk, wegonderhoud met ploegendiensten

3.3.1. Inleiding

Een bedrijf, dat zich heeft gespecialiseerd in wegenonderhoud Is afhankelijk van planning van materieel en het inplannen van de medewerkers, die meestal in ploegen werken.

Regelmatig gebeurt het, dat dat de medewerkers tot 24 uur achtereen worden ingezet om de nauwe marges, waarbinnen het project moet worden afgewerkt, te halen.

Dit betekent voor de medewerkers een risico voor het ontwikkelen van stress.

3.3.2. Probleemstelling

Een medewerker valt met hartklachten uit. Hij wordt geopereerd en hij krijgt een aantal omleidingen. Na enige tijd gaat hij gedeeltelijk weer aan de slag. Hij heeft tijd nodig om weer op krachten te komen.

3.3.3 Verloop

De inplanner, die moet zorgen, dat ook de zieke medewerker weer gaat reintegreren, gaat onzorgvuldig met de beperkingen van de medewerker om. Hij wordt in Lange diensten gezet, die de medewerker niet aankan. Als de medewerker weigert hieraan mee te werken, komt de Planning van de werkzaamheden in gevaar.

3.3.4. Bespreking

Hartklachten als gevolg van stress op het werk is door veel onderzoekers aan een studie onderworpen. The SHEEP studie (Reuterwall e.a.1999) is in Zweden opgezet om enkele hypotheses over de invloed van werkbelasting op de gezondheid van de beroepsbevolking op grote schaal te toetsen. Het onderzoek risicogroepen te onderzoeken op het ontwikkelen van een myocard infarct. Bekende risicogroepen zijn medewerkers, die in ploegendienst werken, kantoorpersoneel, ambtenaren, medewerkers, die met fysische en chemisch toxische produkten werken.

De medewerkers uit deze risicogroepen hebben weinig regelmechanismen in hun werk en lopen daarom meer risico voor het ontwikkelen van stress. Ook voor deze groepen Geldt, wat Meijman en Dormolen in hun stressmodel hebben aangegeven. De Bevindingen van Meijman en Dormolen bij de fysieke reactie op een langdurige periode van stress werd eerder in hoofdstuk 2 onder de subparagraaf COPING uiteengezet. Als de medewerker zijn werk hervat, voordat het andrenalipeil genormaliseerd is, neemt de kans toe, dat er schade optreedt in de vorm van hypertensie en overige hart-en vaatzieken.

Onderwerp van arboconvenanten is juist het scheppen van een zodanige conditie voor de werknemers, dat zij voldoende rust kunnen nemen na een periode van werken. De Stichting Kwaliteitsbevordering Bedrijfsgezondheidszorg (het SKB) beijvert zich om de kwaliteit van werkomstandigheden in

Nederland te verbeteren. De stichting werkt samen met het Nederlands Centrum voor Beroepsziekten en verzogt publizaties en workshops.

Wanneer het geheel van motieven en vaardighede van de medewerker niet in overeenstemming is met de werkzaamheden, dan ontstaat een verhoogd risico voor een biologische reactie. Er worden enkele fasen doorlopen, alvorens de fase van uitputting ontstaat met lichamelijke aandoeningen.

Siegrist (1997), die het effort-reward-imbalance stressmodel Ontwikkelde, dat in de inleiding is beschreven, heeft voor Meerdere beroepen en meerdere beroepsomstandigheden Het risico voor het ontwikkelen van hartklachten onderzocht. Ook Selye (1970), van wie het General Adaptation Syndrome werd genoemd in hoofdstuk 2 heeft onderzoek verricht op dit terrein. Selye was de grondlegger voor het onderzoek van de lichamelijke gevolgen van stress. Hij richtte het International institute of Stress op, te Montreal.

De casus handelt hier over het stressmodel volgens Sigrist, maar ook volgens Michigan, Meijman, van Dijk, Karasek. De wijze van coping, namelijk, volgens het interactiemodel en het predispostiemodel, uitmondend in een ziekte, neemt in de stressmodellen een centrale plaats in.

3.4. CASUS VIII. Voorbeeldsituatie uit de praktijk, een computer-service-bedrijf

3.4.1. Inleiding

Wanneer een medewerker de juiste opleiding mist om adequaat met de problematiek van het werk om te gaan, ontstaat een stress-situatie, weergegeven in diverse stressmodellen. Indien er sprake is van een persoonlijkhe idsprobleem, dat leidt tot een afwijkende vorm van coping, Volgens het predispositiemodel, bestaat er opnieuw een Aanleiding tot stress.

Het belasting-belastbaarheidsmodel van van Dijk en het Michigan model van Caplan, bespreken beide de belastbaarheid van de medewerker en vormt in deze modellen een centraal gegeven. Opdat de lezer de situatie schema van de samenstel van factoren weergegeven uit figuur 1, het stressmodel van Michigan.

Sociale omgeving	
Objectieve stressoren	subjectieve stressoren
Stressreactie	gezondheid
Persoonlijkheid	

Stressmodel volgens Michigan.

3.4.2. Probleemstelling

Een service-medewerkster van een computer service-bedrijf heeft slechts een beperkte opleiding genoten voor het werk, dat zij doet. Zij hoopt bij een belangrijke inlener te kunnen blijven, waar zij voor enkele maanden werd uitgezonden.

Voordat de beslissing werd genomen over de verlenging van het kontrakt, werd het duidelijk, dat zij zich gedeeltelijk Ziek moest melden, met lichamelijke klachten.

3.4.3. Verloop

Ondanks de uiterste krachtinspanning van de medewerkster om aan haar reintegratie te werken, lukt het niet van de Lichamelijke klachten af te komen. Zij moest zich volledig Ziek melden. Zij zou een time out nemen om weer op Krachten te komen. Het bleek echter spoedig, dat haar werkgever op een faillissement stond. De werkgever meldde, dat de werkneemster niet veel ervaring had in de software ontwikkeling.

3.4.4. Bespreking

Waarschijnlijk was het de beperkte ervaring, waardoor zij het niet heeft kunnen bolwerken. Zij was in eerste instantie gedeeltelijk uitgevallen, toen zij kennelijk nog in de alarmfase van de stress-reactie verkeerde. Vervolgens kwam zij echter in de uitputtingsfase terecht, toen zij de reintegratie pogingen als dermate belastend ervaarde (Selye, 1970). Het verloop is identiek aan hoe de beschrijving van de gebeurtenissen volgens het General Adaptation Syndrome Verloopt. In deze situatie wordt de ontwikkeling van stress vooral door stressoren van het werkaanbod en de wijze van coping met arbeidsomstandigheden bepaald.

Hiermee zijn verschillende stressmodellen getoetst in een casus, die de ontwikkeling van stress op de volgende terreinen aan de orde stellen: Deze betreffen het Werkaanbod en de sociale omgeving (economische situatie) als objectieve stressoren, gelegen in de acceptatie van het werkaanbod; dan de subjectieve stressoren, voorgesteld in het interactiemodel, dat zich richt op de invloed van de persoonlijkheid op het omgaan met stress en de relatie met het ontwikkelen van ziekte en specifieke stressreacties.

3.5. CASUS IX. Voorbeeld uit de praktijk van de matrix-organisatie, een milieu-project- bedrijf

3.5.1. Inleiding

Een goede zelfkennis helpt om goed te functioneren en dit Geldt vooral voor de functie van de manager. Eerder werden in de inleiding van dit hoofdstuk hoedanigheden aangegeven, die bijdragen tot het goed functioneren van een manager en de medewerker. Een regelmatige bijscholing draagt daar nog toe bij, dat de manager zichzelf kan toetsen en om de eigen Kwaliteiten verder te ontwikkelen.

De medewerker zal zich zelfbewust opstellen en gemakkelijker met kollega's en teamgenoten onderhandelen over de doelstellingen, die de afdeling en uiteindelijk de organisatie, zich hebben gesteld om goed te blijven produceren. De persoonlijke effectiviteit is een kwaliteit, die de manager doet slagen in zijn opzet om de communicatie met de eigen en overige afdelingen zo goed mogelijk te laten verlopen.

3.5.2. Probleemstelling

Een medewerker in een bedrijf, dat projecten ontwikkelt voor bodemsanering en andere projecten om het milieu te verbeteren, had lange tijd het idee opgevat, dat hij promotie zou maken binnen zijn team. Zijn werkgever had hem enkele malen laten doorschemeren, dat hij zijn werk goed deed en dat dit zou leiden tot een functie van leidinggevende binnen het team. Wanneer de nieuwe functie van leidinggevende eindelijk vrijkomt, blijkt, dat een kollega voor het baantje is uitgekozen. Als de medewerker protesteert heeft hij hiermee succes. Hij krijgt toch de functie. Hij meldt zich na een aantal maanden echter ziek, met klachten van hoofdpijn en slecht slapen. Hij had een grote reis gepland voor zijn vakantie. De werkgever vindt het verstandig om hiervoor de bedrijfsarts te raadplegen. Het is volgens de werkgever niet zeker, of de medewerker zo'n reis wel aankan, onder de gegeven omstandigheden.

3.5.3. Verloop

De medewerker zal, met in achtneming van voldoende rust onderweg, toch de reis ondernemen. De reis is daarna naar tevredenheid verlopen. De medewerker heeft zich gedeeltelijk hersteld gemeld, in de hoop, op korte termijn te kunnen reintegreren.

Toch zit het hem dwars, dat hij in eerste instantie voor de job werd gepasseerd. Hij heeft ook zijn twijfels over zijn werkomgeving. Hij ondervindt geen voldoende ondersteuning. Het blijkt, dat de werkgever niet overtuigd is van zijn capaciteiten om de functie van leidinggevende goed te kunnen vervullen. De werknemer lijdt er erg onder. Het is de vraag of de medewerker in zijn functie kan blijven. In overleg met de bedrijfsarts heeft hij zijn drukke privéleven wat aangepast, zodat hij meer energie over heeft voor zijn werk. Hij past het trainingsschema aan van zijn fitnessprogramma. Tenslotte hervat hij volledig zijn werk. het is de vraag, of de medewerker in de toekomst in zijn functie gehandhaafd zal blijven.

De onderlinge kontakten op het werk waren kennelijk niet toereikend om de communicatie over de nieuwe job duidelijk te laten verlopen. De aanvankelijke procedure om een andere medewerker op de vacante plaats aan te stellen, in plaats ven genoemde medewerker, was zonder duidelijke redenen gestopt. Er was tegenover de medewerker niet aangegeven, dat hij nu was verkozen vanwege zijn capaciteiten.

Het stressmodel, passend bij deze situatie, is wederorm het Michigan model van Caplan, waarin de psychosociale voorwaarden de belangrijkste redenen vormen voor het Ontwikkelen van een stress-situatie. De medewerker heeft Een specifieke stressreactie ontwikkeld door de specifieke Ontwikkeling van subjectieve stressoren, volgens bijbehorende Interactiemodel, en heel speciaal, het transactiemodel.

Het transactiemodel richt zich, zoals eerder uiteengezet in hoofdstuk II, in paragraaf 2.5.4.1., handelend over coping, op de invloed van de persoonlijkheid op de interpretatie van de gebeurtenissen om se door de persoon als stressvol te ervaren. Door de aard van zijn persoonlijkheid creëert de persoon bepaalde situaties en hij kiest voor een bepaalde actie.

Hoofdstuk 4.

De Stressmodellen Getoetst

4.1. Inleiding

In de hoofdstukken 1,2 en 3 zijn specifieke stressmodellen getoetst voor 3 groepen organisatievormen, die representatief zijn voor bestaande organisatie-activiteiten. De bedoelde organisatie vormen hebben ieder een eigen soort problematiek. In de 9 praktijkvoorbeelden is getracht duidelijk te maken hoe gevarieerd de aanleiding kan zijn voor een stress-situatie. De resultaten van de bevindingen in de verschillende casussen worden in dit hoofdstuk besproken.

4.1.1. Functionele organisatie

De functionele organisatie is samengesteld uit werk-units. Hier is het belangrijk, dat de werknemers beantwoorden Aan bepaalde functie-eisen. De werkgever zal ervoor Zorgen, dat hij gekwalificeerde medewerker aanneemt. De afdelingen moeten ook goed zijn georganiseerd, zodat De werkomgeving van goede kwaliteit is. De werknemers Hebben een goede werkomschrijving nodig, een goede Beloning en het zicht op promotie en bij-nascholing. De Nadruk ligt op de specialisatie van de medewerkers.

De sociale context en de feedback met de manager zijn belangrijk. Dit is typisch voor het Michigan model, Wij zagen

3 voorbeelden uit de praktijk. We hebben een voorbeeld uit de IT-sector, dat zich bezighield met een Internet-voorziening. We zagen het geval van de kwaliteitsmedewerker van het laboratorium, het probleem van de welzijnsmedewerker in de welzijnszorg, in respectievelijk casus I, II en III.

Het typische risico voor de functionele bedrijfsstructuur is voorgesteld in het stressmodel volgens Michigan. Binnen het model is er extra risico voor stress, indien er niet genoeg aandacht wordt geschonken aan autonomie, leermogelijkheden, enhetinbouwen van leermomenten. Deze stressormomenten worden weergegeven in het stressmodel van Karasek-Theorell. Langdurige overbelasting door te weinig beloning, carrièremogelijkheden, hoge werkdruk, is neergelegd in het model van SIegrist.

4.1.2. De productorganisatie

De produktorganisatie heeft zijn eigen problematiek. De Afdelingen verzorgen op een breed terrein de produktie en de verwerking van een produkt. Het accent valt veeleer op de direkte belasting van de medewerker, die een "zichtbaar" produkt levert. Voorbeelden zijn beschreven in hoofdstuk 2, in de vorm van een inpakbedrijf, een produktiebedrijf, en Een uitzendbureau, in respectievelijk casus IV, V en VI.

Om de afdelingen goed te laten functioneren is het nodig, dat de taakverdeling klopt en dat de belasting van de Medewerker de juiste priorities heeft. De medewerker werkt in een systeem, waar iedere medewerker aan hetzelfde produkt werk, op een andere schakel in de produktieljn. in de produktielijn is het belangrijk, dat er vooral voor de kwantitatieve belasting aandacht is en dat gekeken wordt of de omvang van het werkaanbod overeenkomt met de belastbaarheid van de individuele medewerker.

In de produktorganisatie staat het Michigan stressmodel centraal.

4.1.3. De matrix-organisatie

Voor de matrix-organisatie is het belangrijk, dat de medewerkers in een projectteam goed zijn gepland. We hebben in hoofdstuk 3 voorbeelden gezien in de vorm van een wegen-onderhound-bedrijf, een computer servicebedrijf en een milieu-adviesbureau in de casussen VII, VIII en IX.

De risico-analyses voor het opzetten van de planning dienen zo nauwkeurig mogelijk te zijn voor de ingeschatte competenties en de in te zetten disciplines. De medewerkers dienen goed communicatief te zijn ingesteld. Als de planning niet klopt, of de communicatie verloopt niet goed, dan is dit een reden voor het ontwikkelen van stress. Een fout in de planning is achteraf niet goed te herstellen.

Voor de matrix-organisatie is het Michigan model een goede referentie en indicatie voor de mogelijkheid van de ontwikkeling van stress. Voor de bedrijven, waar veel gebruik gemaakt wordt van ploegendiensten, wordt het stressrisico echter zodanig, dat er meerdere stressmodellen nodig zijn om de gehele omvang van de stressoren goed uit de kunnen beelden Dan komen ook de modellen van Meijman, Siegrist, van Dijk en Karasek (de werkdruk, werkbelasting) aan de orde.

4.2. Conclusies:

4.2.1. het stressmodel:

In de modellen van organisaties is in twee condities een Combinatie van stressmodellen nodig om het risico van de ontwikkeling van stress en de stressoren weer te geven. Deze twee condities zijn:

1. ploegendiensten van de matrix-organisaties (zie paragraaf 3.3.4)
2. functionele organisaties (zie paragraaf 1.3.1.6)

Van deze twee genoemde organisaties is de ploegendienst van de matrix-organisatie de meest belastende vorm voor Het ontwikkelen van stress. Dit heeft te maken met het feit, dat er ook beroepen zijn, die eerder stress opleveren. Deze beroepen zijn extra gevoelig voor de stressoren, aangegeven in de besproken stressmodellen.

Zo zijn werkers in ploegendienst, kantoorpersoneel, ambtenaren, werkers, die bij hun werk in aanraking komen met fysisch en chemisch giftige stoffen, extra gevoelig voor stress (Baker, 2002).

Het algemene stressmodel, dat voor elke vorm van Organisatie geldt, is het Michigan stress model:

Sociale omgeving	
Objectieve stressoren	subjectieve stressoren
Stressreactie	gezondheid
Persoonlijkheid	

4.2.2. De impact van werkstress voor de medewerker

De ziekteoorzaak, voortkomend uit stress, is gelegen in het onvoldoende herstel van een belasting tijdens en na het werk. Van oudsher is de relatie tussen risicofactoren in de arbeid en het ontwikkelen van gezondheidsschade een bekend gegeven. Nieuw is de psychosociale benadering van de gezondheidsrisico's door het werk (Hautman, 2005).

4.2.2.1. Definitie van werkstress

Werkstress is de schadelijke fysieke en emotionele reactie, die ontstaat, wanneer de belasting van het werk niet overeenkomt met de capaciteit, beschikbare hulpmiddelen En benodigdheden voor de medewerker.

4.3. de relatie van het stressmodel met verander- en stressmanagement

4.3.1. Inleiding

Stressoren zijn altijd aanwezig. Zij kunnen ontstaan uit dreigende werkloosheid, problemen in privé omstandigheden (sociale omstandigheden), uit een slechte relatie met de werkgever, problemen op de werkvloer (subjectieve stressoren).

Er zijn positieve en negatieve stressoren. Positieve stressoren kunnen een tegenwicht vormen tegen het ontstaan van negatieve stress. Zij kunnen worden voortgebracht uit een vernieuwende kracht binnen de organisatie (J. Kok, 2005). De vernieuwende kracht ontstaat, wanneereen vernieuwende research-afdeling binnen het bedrijf voldoende verbinding heeft met de gesettelde operating afdeling en controle op de

Elisabeth van der Gulik

tweezijdig gerichte, "ambidextrous" organisatie kan uitoefenen (Birkinson en Gibson, 2004).

De research afdeling is op zoek naar nieuwe groeimogelijkheden door vernieuwing van alle afdelingen. De structuur van een bedrijf en de bedrijfscultuur zal zodanig moeten zijn, dat de vernieuwende activiteiten zonder problemen kunnen worden ingevoerd.

De volgende karakteristieken voor een lerende organisatie zijn aangegeven door Draft (2001): De taken dienen uitgebreid te zijn vastgesteld en er is een lange termijn strategie. Veel belang wordt gehecht aan teamwerk, beperkte hiërarchie, horizontale communicatie. Kennis en controletaken zijn door de hele organisatie aanwezig. Dergelijke organisaties staan model als organische structuren, dat wil zeggen, dat de beslissingen decentraal worden genomen en de bedrijfscultuur wordt gevormd door adaptieve processen. Er Is steeds een uitdaging, die de medewerkers alert houden. Zij verkeren in een positieve stress situatie.

Vernieuwende, lerende organisaties, oftewel organisch Gestructureerde bedrijven (de Moor, 1990), zijn in staat Om risico's te nemen, snel te veranderen. Zij kunnen experimenten uitvoeren zonder schade op te lopen. Het beloningssysteem en de status van de medewerker is gericht op de vooruitgang. Deze gerichtheid is te vinden op alle afdelingen van het bedrijf en niet alleen op de afdeling, die met vernieuwing is belast. In de gezondheidszorg kunnen ziekenhuizen en patienten profiteren van nieuwe ontwikkelingen, als de vernieuwende afdeling binnen een instituut voldoende geintegreerd is in de uitvoerende afdelingen.

Binnen de de vernieuwende organisatie is er voor de behandelde stressmodellen in zoverre plaats, dat de veranderingen binnen het bedrijf bron van stress kunnen worden, als aan de verschillende eisen van psychosociale omstandigheden, ambities en talenten, belongsvormen niet wordt voldaan. De stressmodellen vormen bij vernieuwing een leidraad voor de manier, waarop met de positie van de individuele medewerker dient te worden omgegaan.

4.3.2. De oudere medewerker

Een vernieuwende organisatie weet risico's ten aanzien van veroudering van het personeel op te vangen. Het beleid past zich voortdurend aan en zal maatregelen nemen om te voorkomen, dat werknemers aan de kant worden geschoven wegens ouderdomsklachten. Als de pensioengerechtigde leeftijd omhoog gaat, omdat er een krapte dreigt te ontstaan Op de arbeidsmarkt, zal het ouderenbeleid belangrijker worden.

Een lerende organisatie zal waarde hechten aan de Ervaring van de oudere medewerker. Deze is nodig om de Vernieuwende maatregelen door te kunnen voeren.

4.3.3. De verandermanager

Tushman en O'Reilly (2004) vonden bij hun onderzoek, dat zogenaamde dubbelzijdig (ambidextrous) georiënteerde organisaties geleidmoetenwordendooreveneensdubbelzijdig georiënteerde managers, ofwel verandermanagers, om vernieuwingen en reorganisaties te doen slagen.

Tushman en O'Reilly (1996) hebben in een eerdere studie de volgende definitie gegeven van de verandermanager: De manager is er om er voor te waken, dat de organisatie niet arrogant wordt en de wil blijft tonen om te vernieuwen en te leren.

Kanter (2004) ziet de verandermanager als volgt, na een studie, waarin de effektiviteit van handelen werd bekeken bij 165 manager in 5 grote bedrijven: De verandermanager heeft meer overredingskracht dan dat hij beveelt; hij weet een team op te bouwen, hij zoekt ondersteuning van anderen en erkent grenzen. Hij weet succes en beloning te delen met anderen en hij heeft een samenwerkende houding.

4.3.4. Stressmanagement bij dreigende ontslagen, als gevolg van overnames en ingrijpende reorganisaties.

Wanneer een onderneming plotseling door een onvoorziene ontwikkeling, bijvoorbeeld door economische factoren, van koers zal moeten veranderen, ontstaat er een bedreigende situatie voor de medewerkers.

Caplan, Amiram, Vinokur, Price en van Rij (1989) hebben een onderzoek verricht naar de reactie van de medewerker op het verlie van een baan. Zij beschrijven een experiment met een brede populatie van werkzoekenden. Caplan et al. ontwikkelden een model, dat moest leiden tot het Motiveren van werkzoekenden en het bevorderen van hun Vakbekwaamheid. Er werd gezorgd voor sociale interventie door het organiseren van workshops en het inschakelen van begeleiding door een trainer.

De resultaten waren positief. De werkzoekenden hadden meer zelfvertrouwen, ook al waren zij langer werkloos en het lukte hen ook een betere baan te vinden. Het is niet alleen een aanwijzing voor hoe werkzoekenden het best begeleid kunnen worden, maar ook is het model toe te passen op werknemers, die te maken hebben met dreigend ontslag. het model is een leidraad voor stressmanagement. Het bewijst opnieuw het belang van de psychosociale factoren, zoals binnen de stressmodellen wordt aangeduid.

4.3.5. Communicatie en stressmanagement binnen Het bedrijf

Stel: de directie stelt vast: er is een stress probleem in het bedrijf.

Om een beleid te ontwikkelen voor de aanpak van stress in een organisatie, is het nodig om de problemen, die wijzen op de aanwezigheid van stress, in kaart te brengen. Deze problemen kunnen zijn: verhoogd ziekteverzuim, klachten over arbeidsomstandigheden. Vervolgens worden de Stressoren, dat wil zeggen de stimuli, die oorzaak zijn van Een stressreactie, opgezocht.

Opdat de medewerkers in een bedrijf zich ook bewust worden van de problematiek is communicatie een eerste vereiste. Een belangrijke aanzet tot discussie over het probleem is het informeren van de leidinggevenden tot aan de direktie toe, dat er een probleem is. Hiertoe kan een rondschrijven voldoende zij, maar ook een video, een discussie onder alle werknemers op gang moeten komen. De problemen bij de medewerkers en die op de werkvloer worden in kaart gebracht. Als er blijkt, dat er sprake is van een organisatieprobleem, dan kan er een begin gemaakt worden voor het zoeken naar een oplossing.

Volgens kompier (1999) zijn er 4 instrumenten voor het meten van de stresstoestand op het werk. Deze zijn: Vragenlijsten en checklists, administratieve gegevens over aantal ongevallen, verzuimpercentage, metingen en observaties op de werkplek, lichamelijke tests. De checklists en vragenlijsten kunnen worden ingedeeld in branchespecifiek, vragen over gezondheid, vragen over de werkomstandigheden. Een zeer bekende checklist is de Job Content Questionnaire van Karasek.

4.3.6. Maatregelen bij het vaststellen van stress

De volgende maatregelen kunnen worden genomen, afhankelijk van de aard van de stressoren:

- Indien de stressoren gelegen zijn in de werkdruk door de werkhoeveelheid, het werkritme, gebreken op de werkplek, onaangepast meubilair, gebrek aan motivatie, zullen aanpassingen moeten plaats vinden, al naargelang het probleem. Het werkritme kan worden aangepast, de werkhoeveelheid kan worden aangepast; regelmechanismen kunnen worden aangepast in de vorm van flexibele werktijden, organisatie van het werkaanbod.
- De werknemers worden beter geïnformeerd over de functie en zij krijgen een aanvullende opleiding.
- Er is voor de medewerkers een mogelijkheid om een vertrouwenspersoon te raadplegen om geschillen ter sprake te brengen, die op de werkplek spelen.

- Maatregelen moeten op alle niveaus binnen de organisatie worden genomen. Op alle niveaus zullen bijeenkomsten moeten worden gehouden.

Hoofdstuk 5.

Maatregelen Ter Voorkoming Van Stress

5.1. Inleiding.

De maatregelen ter voorkoming van stress in een bedrijf beginnen met de wetgeving. Zo is in België in 1996 een wet Welzijn aangenomen, die een bepaalde CAO algemeen bindend verklaart, ter voorkoming van stress. De wet omschrijft stress als een negatief ervaren toestand, die gepaard gaat met met klachten van disfunctioneren in psychisch en/of sociaal opzicht en die het gevolg is van het feit, dat werknemers niet in staat zijn aan de eisen En verwachtingen, die hen vanuit de werksituatie gesteld worden, te voldoen.

5.2. de TOMO-checklist als leidraad

De maatregelen, die nodig zijn om stress te voorkomen betreffen volgens Houtman (1999) vier aandachtsvelden. De TOMO-checklist kan worden gebruikt om te zien, op welk gebied een werknemer zich niet goed voelt op het werk. De aandachtsvelden zijn de volgende:

-   de arbeidsinhound, de hoeveelheid werk, het werktempo, de Moeilijkheidsgraad, de verantwoordelijkheid, (on)duidelijke taakeisen

- de arbeidsomstandigheden, lawaai, klimaat, verlichting, werkhouding
- de arbeidsvoorwaarden, werk- en rusttijden, beloning werkzekerheid
- de arbeidsvoorwaarden, leiding geven, relaties op het werk, discriminatie

Genoemde aandachtsgebieden zijn een bron van zorg voor de werkgever, die de verantwoordelijkheid voor de uitvoering zo mogelijk zal overdragen aan een afdeling van personeelszaken en zo mogelijk aan een arbo-coördinator. De bedrijfsarts zal hierin adviseren, zondat beslissingen zullen worden genomen voor beleidsaanpassingen en gezondheidsonderzoek.

Bij grote organisaties kan een Arbocommissie de lopende zaken bespreken met de bedrijfsarts in een regelmatig te houden sociaal medisch teamvergadering.

5.3. zes coördinatiemechanismen

Volgens de Amerikaanse organisatiedeskundige mintzbcrg (1997) bepalen zes coördinatiemechanismen de verschillende bedrijfsstructuren. Deze mechanismen zijn naast elkaar aanwezig in hetzelfde bedrijf en komen in verschillende mate voor, afhankelijk van de situatie. Het betreft de volgende mechanismen:

1: Wederzijdse afstemming:
Het werk wordt onderling geregeld door degenen, die het werk uitvoeren, zonder veel formele procedures. De afstemming vindt plaats in een informele, simpele één op één communicatie. Deze wijze van afstemming wordt als coördinatiemechanisme teruggevonden, zowel bij de meest eenvoudige organisatie,

bij eenvoudige werkzaamheden, door weinig mensen, als bij de meest complexe organisatie, door weinig mensen en bij moeilijke nieuwe werkzaamheden (informele communicatie, de Moor, 1997).

2: Rechtstreeks toezicht:
Een persoon wordt aangesteld, die verantwoordelijk is voor het werk van anderen. Hij geeft opdrachten, verdeelt taken en hij gaat na, of de gestelde doelen daadwerkelijk worden gehaald.

3: Standaardisatie:
Standaardisatie is een ander coördinatiemechanisme, dat in Plaats van wederzijdse afstemming en rechtstreeks toezicht de werkzaamheden in goede banen leidt. Dit proces is van Toepassing bij een relatief simpele organisatie van taken, Zoals bij produktiewerk, en bij het werk door artsen.

Het mechanisme van de standaardisatie van de Werkzaamheden verloopt als volgt:

a: de werkzaamheden kunnen worden vastgelegd, zoals bij montagehandelingen. Dit is de standaardisatie van de **werkzaamheden**

b: de kennis en vaardigheden worden getoetst door een gestandaardiseerdeopleiding. Hierdoorvindtstandaardisatie van **kennis en vaardigheden** plaats, waardoor de werkgever zekerheden inbouwt omtrent de werkprocessen.

c: de divisiehoofden of de werknemers zelf, hebben als uitvoerders een grote vrijheid om hun doelstellingen te halen, maar zij zijn gebonden aan bepaalde bedrijfsresultaten. Een voorbeeld is een taxichauffeur. Dit is de standaardisatie van de **resultaten.**

d: Indien verschillende werkprocessen in een organisatie worden beheerst door de bedrijfscultuur, wordt er gesproken van standaardisatie van **normen.** Dit uit zich in een selectief aannamebeleid of er is een ander soort begrip bij de medewerker van de bedrijfsideologie.

De genoemde coördinatiemechanismen worden op grond van machts-en besluitvorming binnen de organisatie ingezet en kunnen met de tijd wisselen. Door de geavanceerde technologie worden de werknemer belangrijker (Branden, 1999). De leidinggevende zal de teamleden respecteren en hij zal zich er bewust van moeten zijn, dat alle medewerkers voor het werkproces belangrijk zijn (van der Gulik, 2004).

5.4. Het belang van de persoonlijkheidsstructuur van de medewerkers

In mijn boekje Het Verzuimgesprek The Absenteeism Conversation (2004) wordt het belang van de persoonlij kheidsstructuur van de medewerker toegelicht. Voor het herstel en het omgaan met langdurige stress-situaties zijn bepaalde persoonlijkheidsstructuren beter toegerust. De aanleg voor coping met een stressvolle aangelegenheid kan variëren van een vermijdings en vluchtreactie, van trachten sociale ondersteuning te zoeken, van door met kollega's of vrienden te praten, oplossingen te bedenken voor de situatie, Tot emotionele reacties (Naughton, 1997).

Bepaalde persoonlijkheidsstructuren zullen geneigd zijn een goede copingsstijl te ontwikkelen. Deze persoonlijkheden omvatten extraverte (sociale, optimistische en op personen gerichte) persoonlijkheden, open persoonlijkheden, gewetensvolle persoonlijkheden, autonome personen (zij analyseren de situatie om te trachten het probleem te minimaliseren en te reduceren). Het zoeken van een oplossing is beter dan emotioneel, vluchtgedrag (Lazarus en Folkman, 1984).

De samenstelling van de teams is bepalend voor de goede sfeer en samenwerking (Atkins en Katcher, 2003). Bedrijven stellen het soms nog op prijs om de medewerkers te selecteren via een psychologische test.

Overwegingen

De aanwezigheid van stress in een bedrijf belemmert het werkproces. Voor een werkgever is het daarom interessant om te weten, welke mechanismen er toe bijdragen aan het ontstaan van stress.

In de vorige eeuw zijn er talrijke onderzoekers geweest, die zich met het ontstaan en de gevolgen van stress hebben beziggehouden. Zij bestudeerden de gevolgen voor het lichamelijke en geestelijke welzijn van het individu. Er blijken meerdere copingmechanismen te zijn, waarover een persoon kan beschikken, die geconfronteerd wordt met een stresserende situatie. De wijze van coping is gerelateerd aan de persoonlijkheidsstructuur.

Er zijn daarnaast modellen ontwikkeld van factoren, die bijdragen tot een stress-situatie in de werkomgeving. Omdat de werknemer in een bedrijheden ten dage vooral te maken heeft met psychosociale stressoren, blijkt in deze studie, dat het model van Michigan vooral opgang doet en terug te vinden is in de meeste voorbeelden uit de casuïstiek.

Groepen uit de beroepsbevolking, die een verhoogd risico hebben voor het ontwikkelen van hartklachten, als gevolg van stress, zijn medewerkers, die in ploegendienst werken, ambtenaren, kantoorpersoneel, medewerkers, die In aanraking komen met fysisch en chemisch toxische stoffen.

Via een check-list kan worden negagaan, in welke mate de medewerker klachten heeft ontwikkeld. Een check-list,

Die vooral op stressoren vanuit de werkomgeving bij de Werknemer controleert, is de TOMO-checklist.

Conclusie:

Voor een werkgever is het van belang om ervoor te zorgen, dat stress op de werkplek wordt voorkomen. In een werkomgeving dienen de volgende factoren in overeenstemming te zijn met de taken van de werknemer: de arbeidsinhoud, de arbeidsomstandigheden, de arbeidsvoorwaarden, de arbeidsverhoudingen. Zij kunnen teruggevonden worden in de verschillende stressmodellen, die in dit boekje werden getoetst. Aan de werknemer kan een vragenlijst aangeboden worden om hun tevredenheid te toetsen.

Te weinig autonomie, te weinig sociale steun, te weinig leermogelijkheden, te weinig bloning, achting van de werkgever of te weinig herstelmogelijkheden veroorzaken een slechte afstemming met de individuele belastbaarheid en zijn een bron van stress.

Literatuur

Adyin & Rice (1992). Summary and conclusions. Bron: http://www.robinbt2.free= *online.co.uk/edinburgh/ mod8/sec14/p31.htm.*

Atkins, S. & Katcher, A. (2003). Getting your team in tune. *Human Resources Magazine*, 90- 92.

Baker, D., (2002). Workplace psychosocial factors in occupational health. In: *Overview symposium UCLA*, nov.5 th, 2002.

Birkinshaw, J. & Gibson, C. (2004). Building ambidexterity into an organization. In: *MIT Sloan Management Review*, 45,47-55.

Branden, N., (1999). *Werken met Zelfrespect.* Baarn: Tirion

Caplan, R.D. & Vinokur, A.D., & Price, R.H. (1997). From job loss to reemployment field experiments in prevention-focused coping. In: Albee, G.W. & Gullotta, T.P. (Eds.). *Primary prevention works.* Thousand Oaks, C.A. Sage Publications, Issues in children's and families' lives, 16, 341-379.

Caplan, R. D. & Amiram, D. & Vinokur, A. D. & Price, R. H., & van Ryn, M. (1989). Job seeking, reemployment, and mental health: A randomized field experiment in coping with job loss. Journal of Applied Psychology. 74, 759-769.

Daft (2001), *Organization theory and design,* 7' edition. Cincinnati, South Western College Publishing.

Dijk, F.J.H van (1990), Herwaardering model belasting belastbaarheid. *Tijdschrift voor Sociale Geneeskunde,* 68, 3-10.

Dormolen, M. van & Kompier, M.A.J. & Meijman, T.F. Herwaardering model belasting - belastbaarheid, *www.arbo-sagberoepsvervoer.nl/teksten2.htm.*

Fahlen, G. & Peter, R. & Knutson, A. (2004). The Effort-Reward Imbalance model of psychosocial stress ar the workplace—a comparison of ERI exposure assessment using two estimation methods. *Work & Stress, 18, 81-88. Taylor and Francis Ltd.*

Gulik, E.T.M. van der (2004). Het Verzuimgesprek *The Absenteeism Conversation.*

Houtman, I. (1999). *Gezond ondernemen,* 3. Kanter, R.M. (2004). The middle manager as innovator. *Harvard Business Review,* 82, 150-161.

Karasek, R. & Theorell, T. (1990). *Healthy Work, Stress, Productivity and the Reconstruction of Workings Life.* Basic Books.

Karasek, R. (1990). Lower health risk with increased job control among white-collar workers. *J.Occ Behave*

Karasek, R. & Baker, D. & Ahlblom, A. & Marxer, F. & Theorell, T. (1981). Job Decision

Latitude, Job Demands and Cardiovascular Disease: A Prospective Study of Swedish Men, *American Journal of Public Health,* 71, 694-705.

Katz, D. (2003). Managing Technological Innovation in Business Organizations. The *international handbook on innovation.* Amsterdam, Elsevier Science.

Kleber, R.J (1982) *Stressbenaderingen in de Psychologie* Deventer, van Loghum Slaterus.

Kok, J. (2005). Stimulating integration of departments within the ambidextrous organization. *2nd Twente student conference on IT.* Enschede.

Kompier, (1999). In: Mentale belasting meten. *Werk &
Welzijn*, 1.

Lazarus, R.S. & Folkman. S. (1984). *Stress, Appraisal, and
Coping*. New York, Springer.

McCann, J. & Galbraith, J.R. (1982). Interdepartmental
relations. In; *Handbook of organizational Design*

Nijstrom PC., Starback, W.H. (Red.). New York, Oxford
University Press

Mintzberg, H. (1979). *The structuring of organizations*.
Englewood Cliffs

Moor, W. de (1997). *Grondslagen van de interne
communicatie*. Houten/Diegem, Bohn Stafleu van
Loghum.

Naugton, FO. (1997). Stress and Coping, http://www.csun.
edu/~vcpsy00h/students/coping. htm.

Norman, P.M. & Palich, L.P. & Livingstone, G.R. &
Carini, G.R. (2004). The role of paradoxical logic
in innovation: The case of Intel. In: *Journal of high
technology management research*, 15, 51-72.

Nijstrom, P. & Starback, W. (1981). *Handbook of
organizational design*. New York, Oxford University

Opleiding & Training (2004). Fem, 11, 15-16.

Peters, R. (1995). *Leeftijdsbewust Personeelsbeleid*.
Zaltbommel,

PowerProject in: http://www.zbc.nu/main.
asp?ChapterID==1653.http:nl.prevent.be/print
4YRGCD-02. Werkstress Beheersbaar (Hoe omgaan
met stress op het werk).

Reuterwall, C. & Hallqvist, J. & AhIbom, A. & Do Faire,
U & Diderichsen, F. & Hogstedt C. &,

Pershagen, G. & Theorell, T. & Wiman, B. & Wolk,
A. (1999). Higher relative, but lower absolute risks

of myocardial infarction in women than in men: analysis of some major factors in the SHEEP study.
The SHEEP Study Group. *J. Intern. Med.*, 246, 161-174.

Selye, H (1956). *The Stress of Life.* New York, Mc Graw Hill

Selye, H (1946). *Stress without distress.* Philadelphia, Lippincott Co.

Siegrist, J. & Klein, D. & Voigt, K. H. (1997). Linking sociological with physiological data: the model of effort-reward imbalance at work. *Acta Physiol Scand.* special issue November

Tushman, M.I. & 'Reilly, C.A. (2004). The ambidextrous organization. In: *Harvard Business Review*, 82, 74-82.

Tushman, M.. & O'Reilly, CA. (1996). Ambidextrous organizations: Managing evolutionary and revolutionary change: *California Management Review*, 38, 8-30.

Visser-Westerbrink, J.A. (1996). Handbook Middle Management. Organisatiestructuren.

Whitmore, J. (2003). *Succesvol coachen…*

Soest: Uitgeverij Nelissen, (www.WIU.edu/ psychology/2005/classwebpages/spring2005/files/3215 1Personalitystresscoping *Healthpdf)*

Wortman, E. & Sellink, R. (2002). *Controllers Magazine*

The Applicability of several Stress models and the relation to Change– and Stress management in the Working Situation

Contents

Preface

1. Position Of The Problem

In my little book Het Verzuimgesprek The Absenteeism Conversation (2004) are set out theories coming from several stress models, besides directions for the employer How to deal with a good approach of the sick employee. With the confrontation between employer and the employee, the employee, who is satisfied with his work situation, will be of one mind with the employer.

When the stress models, as they are composed by different investigators, can be interpreted in a positive way in a working situation, the employee, relative to the matter in question, will have been building up a good balance between strain and rest (by which as a result the employee is in a flow-situation).

The problem is however, that so many factors may influence the working surrounding in a negative way. These factors, which are different for each company, have been investigated for three different main forms of organization. Failing management may be the source of creating situations, which can be reduced to one of the stress models.

2. Methods

Organizations have all an own composition of ruling-and coordination mechanisms. In the Handbook of Middle Management (Drs. Visser-Westerbrink, 1996), 6 ruling mechanisms are denominated.

- Reciprocal atuning
- Direct control
- Standardization of activities
- Standardization of knowledge and skills
- Standardization of results
- Standardization of norms

A healthy organization is subject to change and stress. From the literature and from other information resources, as records, websites and from own resources, will be evident, how the organization models have each their own composite problems. The main point of the problem is one model is situated in the individual function (as for the functional organizations), whereas for the other this is rather situated in the common production activity per unit (product/division-organization). For the matrix organization the importance of the organization activities is situated in the underlying atuning and management skills by improvisation and creativity.

The applicability of the stress models are tested by the named organization models in the respective chapters I, II, and III.

Introduction

1. Stress Models

The question, we are posing ourselves, is: which are the requirements of the working surrounding, in order to prevent of developing a situation, which is the source of stress. The following stress models may give us the answer and give us information:

The Karasek Job-Strain model, is a stress model, in which the accent has to be found in problems around the work strain (Karasek, 1990).

The Demand-Control-Support Model of Karasek & Theorell says, you have to take into consideration the possibility of the development of tension, because there is not enough room for latitude by the employee and support, lack of continued education for the employee (Karasek and Theorell, 1990).

The Effort-Reward Imbalance model of Siegrisr says there is an influence upon the motivation of the employee by the nature of the remuneration and the status of the employee (Siegrist, Klein and Voigt, 1997). The Siegrist model concerns a shortage of work satisfaction, caused by bad working conditions, a high work strain and low remuneration, with little sight of a safe future in the job.

The strain-and recovery model of Mejiman, who describes the importance of the opportunity to recover from the physical stress by strain (Mejiman, 1989):

Then the strain-taxability model (and the revalue model) of van Dijk and others (1990) accents on stress by the work strain. This model is directing oneself above all towards the attuning of the individual taxability.

The Michigan organization stress model (source: http:// nl.prevent.be/print/4YRGCD-02), which also will be under discussion, has been tested by several investigators in connexion with the effects on the entire health by stress at work (*Gezond Ondernemen*, 1999) and will be put in this study to the test as well. This model puts to discussion the importance of personality and the personal perception of stress

Social Surrounding	
Objective stressors	subjective
Stressors stress	reaction health
Personality	

The Michigan stress model.

The named stress models are discussed in my first little book Het Verzuimgesprek The Absenteeism Conversation (2004). A chapter in this book has been dedicated to the consequences of stress for the individual taxability (van der Gulik, 2004).

In this second study the stress models are again subject of discussion. We are turning now our attention to the consequences of stress, in relation to the organization model.

2. Testing The Stress Models: A Comparing Investigation

A healthy organization is subject to change and stress. Assuming, that the kind of organization model likewise determines the appearance of stress, it is fitting in a certain stress model. Three types of organization forms, as are described in the Preface, form the starting point of investigation. Data are used, from literature and other information resources. Out the information from articles, records, from websites and from examples out of own experience, will appear, the way the organization models indeed have their own kind of problem. Per organization form two or three practice examples are exposed.

The working mechanisms of the stress models are put to the test in the following way:

In the chapter I, II and III is viewed, how in three organization forms (Drs. Visser-Westerbrink, 1996) the stress models can be interpreted. It will depend on the kind of organization, which working mechanism of stress forming comes into force and which stress model will be applicable. We are dealing with respectively: funtional organizations (chapter I), product- or market organizations (chapter II) and matrix-organizations (chapter III). These organization forms have each an own composition of rule and coordination mechanism as have been named in the Preface.

The skills of the employee will have to meet a number of criteria, but these criteria will have to be guarded during the employment. The kind of organization determines the points of attention and complementary conditions to make the employee function well.

The literature gives us a lot of information about the backgrounds of the development of the stress models. Risks of stress are for example the subject to epidemiologic studies, as in Sweden, in the SHEEP study (Reuterwall, Hallquist, Ahlbom, De Faire, Diderichsen, Hogstedt, Pershagen, Theorell, Wiman, Wolk, 1999), whereto an extensive investigation took place with groups of risk among the whole work force. In full SHEEP study refers to: The Stockholm Heart Epidemiology Program.

Chapter 1.

The Stress Model In The Functional Organization

1.1 The Right Employee On The Right Place

Examples of pure functional organizations are available in the form of IT-businesses, housing corporations, laboratories in a hospital, pharmaceutical business, municipal services, public services. The chief principle here is, that the employee is dealing with routine activities and can deliver good quality.

The employee of a business, belonging to a functional organization, feels himself mixed up with his function (Mc Cann & Galbraith, 1982). The organization has been divided in working-units, for example, in a Production, Marketing, Financing and Retail Division: nInforming the employee about the description of the function and the esteem of the function, as an indication of the framework of the skills, forms an important ruling mechanism, which the employer may use to extend the motivation of the employee. The description of functional profile, which determines the working place, forms an important ruling mechanism of the functional organization as well.

A quality manager will strive to choose the right person for a certain working-unit. He may do this by means of outsourcing and matching. He will endeavour and collect skilful people. The first goal is to achieve and bring about a good product.

To maintain the quality of the product however, the fulfilment of a number of conditions is necessary. The teams, required to accomplish the product, will be composed of employees, from whom you may expect, that they may get used to each other, as to their *personal* functioning. The quality manager will take into account and choose the right composition of types of personalities and devotion, which may be expected from the employees (van der Gulik, 2004). For the accent of the functional organization is situated above al, in the teams of the different divisions.

In a functional division it is important to effect specialisation and skills to the employee. The quality of the skills of the employee will have to be guaranteed in a more determined way. A conduct has to be outlined for that.

1.2. How Is The Quality Of The Employee Warranted

1.2.1. Development Of Learning Moments For The Employee: *A considerable task for the manager*

To motivate them, it is important, that the employees know their *possibilities of career.* They will inform themselves about the possibilities of further education. The employer will make *learning possibilities* for all employees, to be able of making the best of their functioning.

1.2.2. Economy

Circumstances from outside, as *economic factors,* have influence on the position of the business. The business will be seeing diminish their clientele, when the economy is not turning well. In less positive economic circumstances, the employer will be inclined to adjust the conduct towards expense for the supplies to the personnel and to economize the number of employees.

1.2.3. Social Circumstances

Private circumstances, social control from the surrounding, personal circumstances, are factors, which may influence the functioning of an employee in a negative sense. The production team will have to take care of preventing the production team will have to take care of preventing the production process getting jammed. The great thing will be to the responsible manager of showing his leadership and coping with social problems (Whitmore, 2003).

1.3. In Search Of The Stress Model

To find out the bottle-necks in the system of the functional organization, several exemplary situations are here described, coming from the literature and from my own practice. From there it will be determined if there is a certain stress model, which may deliver the solution to the problems out of practice.

1.3.1. Example situation I: Case from own practice, An IT-company:

1.3.1.1. Introduction:

A certain IT-company wants to set up a new specialised division with high technology, which will be controlling and repair systems, in case there are faults to be reported. The manager will have to select those employees, who are accustomed of working independently and solve problems. He will have to see to it, that the employees know exactly, what their function implicates and what the new division is up to. The members of the team, in the best case, will have to be chosen (matched), on the ground of their education and properties. Advisors call that competence management (Wortman and Sellink, 2002).

1.3.1.2. Position of the problem:

An employee reports himself to the company-doctor, because he is afraid of the necessity of reporting himself sick, when no measures are taken. He thinks, he does not function well in his function of controller of a new automatic system. He solves many problems independently, but he does not know exactly if he is doing well. He does not know, how his manager thinks about it. He feels very uncertain. He develops a headache and he is afraid the headache will yet increase.

1.3.1.3. Course:

The company-doctor promises; he will contact the manage to indicate that there is a problem. It appears in the mean time, that another manager is responsible of the concerning division.

The last manager had no other idea about the concerning employee, then that he was functioning on the right way. The new manager will have an interview with the employee. The employee has finally been reported sick and he has been placed in another workplace.

1.3.1.4. Discussion:

When no attention is paid to learning moments for the employee during the production process, the employee falls into problems, It is important in a functional organization the employee obtains information about his place in the production process by way of training, so that he knows, how he is fitting in the process. The point is, to care about the new and further education of the employee, to be sure of the expertise of the employee and to put the expertise knowledge to the rest.

1.3.1.5. Which stress model we are dealing with?

The demand-control-support model of Karasek-Theorell has been met here in practice. The employee, who reports himself to the company-doctor with questions, found himself in the risk zone of high demand and few possibilities of learning. Restraints appeared as a consequence of a lack of social support from the employer and absences of feedback, so that the motivation was lacking to set down his function in the right way. How can we translate the meaning of the model to this example? Let us look to it as follows: The employee, in this example, has to go through a psychological charge coming from the rank of difficulty of the work offered to him. Because he does not meet with support from his work surrounding, the employer is not able to build in ruling mechanisms. Ruling mechanisms empower him to achieve, in accordance with the work demand, in accordance with his taxability.

1.3.2.2. Position of the problem:

A quality employee of a laboratory is for her function often set out. She is as only employee fully informed about the demands, coming from the certification of products. She has the necessary contacts to guarantee the continuity of the laboratory. She comes into conflict with her collegues however, who compete with her in exercising influence over the department. The director appears to above all agree with the side of her colleagues. She feels like being abandoned. Yet she knows, she is the only one, who is informed about the quality process.

1.3.2.3. Course:

The employee is getting stressed. She is reporting herself sick and after through medication it will only be possible to have her own position in the laboratory occupied.

1.3.2.4. Discussion:

The function of our employee represented a renewing factor inside the business. It was her care, that the production process was adjusted to new rules. It appears from the literature (Kok, 2005) there is a resistance to the exchange of information between a research division and remaining departments. It is a real challenge to match the departments, charged with market development and departments, in charge with innovation (Katz, 2003). The departments, in a company have a different status and draw information from different sources. They have only few common sources. The departments in a business have each a local culture (de Moor, 1997), so that the criteria towards certain values differ. Pushed by unhappiness with their own job and the uncertainty about their own function in a period full of charges, the employees have each their proper strategy. The employees will assert themselves in a short or long term (McCann and Galbraith, 1982).

Common sense making (de Moor, 1997), serves to come to a common spirit, which has to be productive, just by means of personal interactions. To some, this may lead to development of stress. To others a common sense is just a challenge. Together they form the business' culture and in the way the individual constructionism is created.

The business culture has to be arranged in such a way, that it is supporting renovation of products and production-units.

The business culture will have to guarantee flexibility and will save the link to the old culture. Experiments and certain risks, will find support through the whole business by the nature of the business culture (Tushman and O'Reilly, 2004).

The danger of the renewing is, there will be never an end to the transformation of existing products and (Norman, Palich, Livingstone and Carini, 2004).

How the transform manager will take care, that the employees of his team feel safety and support, in spite of the alterations in the business. The solution is to be found in the situation, where the choice has been left to the employee is directed in this manner towards his function, as a part of the whole organization, and not only towards his own task. Birkinshaw and Gibson (2004) emphasize the importance of social support and performance management to stimulate people. Employees feel safe and are stimulated by freedom of acting.

Kanter says (2004), the transform manager is someone, who has power of persuasion, who knows how to form a team and challenges other people, recognizes the devotion of others, shares recompense and success with others and has a co-operative attitude. In our case, the quality employee should be supported by a manager, who acknowledges her devotion, in case she would function in a right way in her team.

The director of the business however, in his function of her guide, has counteracted her, in stead of putting her to the right scent of reciprocal solidarity. Because of this, the employee did not feel supported in her tasks of watching over quality. She lacked social safety in her work. The case finds again reflection in the stress model of Karasek-Theorell.

1.3.3. Instance situation III. Case from own practice, From the social health care

1.3.3.1. Introduction

Because of economics by the government, companies in the health care sector need to fully adjust the management of their product, to survive. Departments are to be closed. New clients have been looked for, who are posing other demands to the design of the products. The problem is the subvention which has been stopped for an amount of services.

1.3.3.2 Position of the problem:

An employee is working for years as a guide of a group in a health care company. Thye orders are posed by the municipality, which offers to social weak people the opportunity of being busying and of passing the day under in accompaniment. The visitors are needle working or are usefully busying in another way. By the new way of financing, there will be less possibilities of receiving such groups according to the old system. A number of departments will have to disappear. Commercially directed divisions will have to disappear. Commercially Directed divisions replace them, which are financed by an assurance company. The group guide gets into an intense stress, because her manager thinks, she does not meet the new aims of the company. In connection with the reorganization other demands are made. The description of the functions are changed. There is no place left to the employee do not meet the demand of the functions, which are to the disposal of the organization for the new design.

1.3.3.3. Course:

The employee gets involved with a long standing fight with her manager. At the end, after deliberation by means of meditation, the manager will have to give to the employee the opportunity and build up the future of the company.

1.3.3.4. Discussion:

Renovation thinking in an organization system implies, that the employees handle the following way of thinking: taking risks, synthesis, cooperation (openness of sharing knowledge with others), collectivity (group happening) and equality.

Nevertheless, disagreements might develop, which give rise to conflict situations.

Mc Cann and Galbraith (1982) have delivered several solutions before them. These are: postponement of the confrontation, looking for compromises, hierarchic strategy, encouraging to a shared appreciation of reciprocal dependence (independency).

When the department communicate with each other, the co-operation is furthered. In this way the foundation is laid for the integrated renewing way of acting and of the delivering of (standard) products. In the case no opportunity has been offered to the employee to communicate with other departments. She was excluded from them. The will to offer her an adequate social support to integrate her (integrated thinking in the company) was completely absent. The model of Karasek-Theorell is again the model, which we meet in a practical situation in a functional organization.

Chapter 2.

The Stressmodel In The Product- Or Market Organization

2.1. Introduction

The product—or market organization, or division organizations, are composed of work-units, which together are responsible for the product. The participation of the responsibilities inside of the units is clear. The managers can be employed at large, as well as the workers, who often change place inside the business. The work units are responsible for the product as well as for the production, the marketing and the retail. Examples are printing-offices, packing companies, meat assimilating industry, canning factories, production of cosmetics, agriculture and cattle-breeding, shops.

That specific knowledge can not be shown to full advantage is a disadvantage of the design of the division-organization. Inside the project team a disagreement may develop about the priority of the product. The main point of the organizational ruling mechanisms is situated in the reciprocal attuning (McCann and Gablbraith, 1982).

Much is asked from the adaptability of the employees. Outside the own group a small chance is given to the employee of growing out.

2.2. The importance of choosing the right employee Or manager in the division-organisation

In a production business, as a packing company, the diverse links of the production process have to be well adjusted to each other. In this way will be prevented, that the process stops on one place in the production chain. When it was important in the functional organisation, there was enough attention being paid to direct social support on the workplace and by the manager. In the production companies, it will be necessary, paying attention to the physical and mental situation, when the production will keep its level. The manager will keep going the whole group. He will take care that the right employee is placed on the right place.

2.3. CASE. Instance situation IV from own practice, A sorting- and packing enterprise

2.3.1 Introduction

In a potato packing company the employees have common tasks, from the sorting of potatoes. The different parts in the chain demand each another kind of action and exertion and the effort changes per part in the production chain. Physical Complaints may be the reason, that an employee can not be put on a certain place in the chain, temporally or not. Because all chains in a production process have to be attuned to each other and the production speed has to be equal at all places, the process will not have to stagnate on one place. When this kind of measure not will be taken, this is a source of stress.

2.3.2 Position of the problem:

An employee of the business, described in the introduction above, falls out frequently. Before, she was employed in health care. That work has become too heavy for her and she looked for easier work. In itself the work on the running line not too heavy, but, while she had to make long hours with overwork, she fell into her old complaint: She Suffered again from her knees and she fell out.

2.3.3. Course:

In the first instance, the employer did not understand the gravity of the complaint. Communication about the subject was not fully possible, while the employee spoke only very limitedly the Dutch language. She was a Moroccan woman. She reported herself only in a later phase to the company doctor, after she had already been through different stages of partial recovery and reintegration in her work. She had to report herself fully ill and she found herself in a longstanding illness process.

2.3.4. Discussion:

When we look to the Michigan model of Caplan, we find many points of recognition of the problems of this case. The social surrounding, but above all the health situation and the personality of the Moroccan employee were reason for the development of stress. She felt not at home in a Dutch male surrounding and she developed an anxiety towards her boss.

The STRESSMODEl of Michigan is again represented here in a scheme.

Social surrounding	
Objective stressors	subjective
Stressors stress	reaction health
Personality	

The Michigan stress model.

When the employee had done the work as compatible with her capacities, she possibly would not have reported herself sick (Kleber, 1982).

An employee is situated in a continuous exchange between objective and subjective tensions (Kahn and French and Caplan performed various kinds of investigations on this subject). The subjective tensions are a reaction on influences from outside, which are experienced as threatening to the internal balance. These tensions may cause a negative stress reaction, when the personal behaviour of coping with the problem is not sufficient. As a result, a physical problem may develop. The TOMO-checklist is a useful means to put the Michigan stress model to the test and is concerning the work surroundings, in combination with personal conditions. bThis check-list contains elements, which are determinative to the feeling of well-being. These elements are: work contents, work circumstances, labour conditions and work relationship inside the business. The problem may announce itself with only an individual employee. In case more employees develop signs of stress, it will be necessary to take collective measures.

2.4. Case. Example situation from own practice, a Production company

2.4.1 Introduction:

In a production business, where heavy doors of safe-deposits are constructed and shutters, daily heave physical labour is performed. The work strain doe not allow the workers to make use sufficiently of aids. The management towards elder employees is not sufficiently organized, so that the work demand is becoming too heavy. Before the employees reach the pension authorized age, they fall out to do their proper work. They will get into the chronic illness assurance (WAO) or in the unemployment supply (WW). because they are still able to work and will not be accepted for the WAO. For many elder employees this means the end of their working life (Peters, 1995).

2.4.2. Position of the problem and course

Because of an imminent reorganization the employees find themselves in an uncertain situation. The stress is getting unsupportable to the elder employees. One after each other is reporting himself sick. Instead of looking for solutions and transform the stress problems into points of discussion, the employees have taken a denying position. They deal with the problems in a passive way. The employees deny often the stress as origin of their complaints. They do not recognize in time the situation as threatening to their health. The organization has been rusted. No place has been reserved to flexibility and creativity.

2.4.3. Discussion:

The STRESSMODEL of Michigan is again represented here in a scheme:

Social surrounding	
Objective stressors	subjective
Stressors stress	reaction health
Personality	

The Michigan stress model

The Michigan stress model supplies us a composition of problems around personality and social surrounding. The employees in a company, which has been called here, have been working for a long time with a negative stress, because since a long time there was no attention to renovation and adjustment of the work surrounding. Already in 1956 the doctor-investigator and endocrinologist. H.*Selye*, had investigated the consequences of stress. Longstanding negative stress is leading eventually to an adaptation situation, which ends in physical complaints (Selye, 1956).

Selye foresaw a fully breakdown of the hormonal adaptation system with longstanding excessive burdening by stress. According to Selye a link exists between adjustment of the hormonal system and different diseases. The syndrome, that develops, as a consequence of longstanding exposure to stress, is called the syndrome of Selye or the "General Adaptation Syndrome".

In chapter V we enter into the details of the measures to be taken to prevent stress in the business situation.

2.5. CASE. Example situation VI from own practice, An interim organization

2.5.1. Introduction.

Another example, in which the functioning of an employee could not be settled, because of the lack of social support from the management, work surrounding and social surrounding, offers ys the following case:

2.5.2. Position of the problem:

In an interim organization, which delivers addresses to businesses, to take care of children of the employees of these businesses, a big turnover is present of employees, who take care of the acquisition to the recruiting of these businesses. They leave each time, when their contract ends and they are being informed, that they do not meet the demands, the function is making. One a certain moment an employee reports complaints of heart palpitations and hyperventilation. She got to hear, her contract will not be extended. The head of the department of Social Affairs let her know, that from the employer important doubts exist about her capacities. They give here advise and agree with another function inside the business, on a place, where other demands are made. Besides of that problem the employee has problems in her private situation. The relation with her friend is worsened. She tries to carry on with her work, till the ending of her contract.

2.5.3. Course

One day, the employee ran off her work in an upset mood. She reported herself sick. When she reports herself with the company-doctor, he sees through the problem. The employee will have to resist actively to her situation and look herself to a solution. The doctor gives her a questionnaire, which has to offer her more clearness about her complaints.

The questionnaire, that so-called 4DKL questionnaire, or: the four dimensional list of complaints, of Cr. B. Terluin, has been set up in such way, that the kind of the physical, as well as the kind of the psychological complaints are questioned, by which the employee is put up and examine by herself her health situation. The more the complaints are serious, and continue longer, the more the stress-situation will adopt the form of a distress-reaction and the complaints will at the end lead to a depression.

The more the employee at home comes to her senses, the better she sees, how she has let herself carry away by her feelings. Her complaints will not disappear, when she does not set up herself differently towards her problems. She determines to resume working and see to it of finding work elsewhere.

2.5.4. Discussion

The stress model of Michigan is well placed here. We meet harmful effects as reaction to a complex psychosocial context. The employee did not find directly the right way of coping with the situation. The employee could not answer the demands, the employer made. The employee pointed out, that the work conditions did not meet the idea she has made herself of the work surrounding and about the contacts with her employer and her colleagues. This led to the development of stress and to physical reactions in the form of heart palpitations and hyperventilation. At the end she has to report herself sick.

2.5.4.1. Coping

The typical reaction on stress, so-called coping (see also 2.3.4.), which differs per person, again may be presented in models. These models have their origin from the health psychology. These models have their origin from the health psychology. These models are called: The interaction model the transaction model, the health behaviour model, the predisposition model and the model of the illness behaviour (www.WIU.edu/2005/classwebpages/sprinf2005/files/32151 PersonalitystrescopingHealthpdf).

A short description of the models is given here:

The interaction model is oriented by the influence of the personality on the coping with stress and the relation with the development of illness.

The transaction model is oriented by the influence of the personality in the interpretation of the nevents. It depends on the personality if the person experiences from it a stressful feeling. It depends also on the personality; which kind of action he would take.

In the health behaviour model the person affects his entire health situation by his conduct, as smoking, unsafe sex.

In the predisposition model the attention is set on the disposition of the person to a certain physiologic reaction, and from there developing a certain personality and/or illness. They have profit from a cognitive therapy.

The illness behaviour model is determined by the type of action, undertaken by a person, when he decides he is ill. They have profit from diversion of their minds to another issue.

In the case indicated above, concerning the interim organization, the employee preferred in the first place defending her from the situation by physiological stress reactions. Further she tried coping with it by taking positive measures and handling through it. She undertook this, by being helped from outside and taking actions. She looked for an alternative in the form of another employment.

In what way the offer of stress is been coped with in a work situation, differs with the personality of the employees. The offer of stress depends of economic factors as well. The future of the business may be in cause, when the demand of work diminishes. In that case there is another factor of stress offered. In case of a pending reorganization the employee will feel himself easily threatened towards the own social security.

Social surrounding	
Objective stressors	subjective
Stressors stress	reaction health
Personality	

The Michigan stress model

When the solution, which the employee pointed out, tends too long and the circumstances at work do not change, there is a chance of a continuation of stress with serous effects. We have discussed the syndrome of Selye, which demonstrates itself in such a situation, on the hand of last case V.

One of the stress models, put to the test in this study, the stress model of Mejiman end Dormolen, appears to questioning the same situation as well. Mejiman discusses the measurable stress reaction in the form of an increased level of adrenaline, with work strain. When the exertion remains too long on a high level, the time, necessary, to recover to a normal level, nis longer. The level of adrenaline might stay on the same level and not be diminished after a weekend of rest. In that occasion, also a holiday might not be sufficient to recover from the physical stress situation.

Because we meet here with a situation, in which the employee is over asked and the individual taxability is surpassed, we recognized here the stress model of van Dijk as well. When the social support is not sufficient, the work office is getting too heavy very quickly.

Businesses have to be able to adjust to new circumstances. When an employer fails to fulfil a certain function. it will be necessary to pay special attention to this, instead of de-motivation him any further. The Michigan model provides us with the information, that intervention in a situation, in which the employer gets into a stress, is unnecessary and useful. The subjective tensions of the employee are a reaction to effects from outside, which are experienced as threatening, so that he needs assistance.

In this last case, the functioning of the employee got stuck, because of problems in the social surrounding.

Chapter 3.

The Stress Model In The Matrix- organization

3.1. Introduction

Matrix-organization are organizations, existing of a mingling of functional- and product organizations. The product teams, which are normally oriented on the market, are leaded up by the functional divisions.

Examples of these are:

Service rendering companies, as consultant bureaus, have employed employees, who are active as advisor and trainer as well. They are working on a project basis.

Or there is another example: Continuous industry, as chemical factories, which have to see to it, that stops are planned continuously in the production process for the maintenance of the material.

Orders for projects are drawn to scale with the aid of a risk analysis. For example, in case of a satisfaction investigation by the employer, to see how the satisfaction is of the employee towards a certain care in the business; at first assessment is needed of the time, necessary to prepare the investigation and than to make a record. The phenomenon of timekeeping and effective working is a usual manner in a matrix-organization of registration of the quantity and the quality of activities.

The better the assessment of the number of people, needed for a product, and the estimation of the needed know-how agrees with the eventual product, the better is the effective nature of the product. Also an arrangement is needed of the moment, in which the project might best be worked out to enlarge the effective working.

3.2. In search of the right employee and the right manager in the matrix-organization

In preventing, that the employee in a business get into a stress, it is necessary, that room is created to the management of unforeseen events. This requires a so called resource-management of the project, which have to be carried out. In employing the service-workers, it is in the first place useful to form a scheme of the travelling costs and the planning of the man-hours. This is an important lower part of the resource-management (reference: PowerProject in http://www.zbc.nu/main.asp?ChapterID==1653).

With the risk analysis to fix a planning, nowadays computer steered programs are used. With projects managers are employed, who lead up the project, inclusively the production-divisions, belonging to it, and the production-manager. The production-manager has little authority about the means, which are set up from the functional divisions, in the project (Nijstrom and Starback, 1981).

Often there are several project-managers. The employees from the functional divisions may be employed in several projects at a time. To work in such organizations, it is required, that the employees, but above all the managers, are possessed of strong communication skills, to be able of maintaining motivation with the employees.

The projects need a good leading up. The employees have to be able to work well together. The organization form is expensive. The employees are specialized forces.

The function of the manager is determined by an ensemble of acting in an analytical way of working and flexibility. The Employee, who is placed under supervision of the manager, likes to see the manager giving way of a vision and taking decisions from there (from: Opleiding & Training, 2004).

Sometimes the manager does not need professional knowledge. We are dealing with a generalist, who is there at the right moment and who will not stay for a long period. The coach is only there at the moment, which means the "flow-period". He will take care of interaction, exchange and information, through which the relation between the divisions is promoted.

A reversed relationship exists in the interaction between groups and the amount of interaction, which takes place inside a division (Mc Cann and Galbraith, 1982).

The computer offers a means to the formation of more profound contacts. By the contacts, the productivity is improved (Interdepartmental relations in: Nijstrom and Starback, 1981).

3.3 Case. Example situation VII from own practice, Road upkeep business with shift systems

3.3.1. Introduction

A business, which has specialised in road upkeep, is dependant of planning of material and the planning of employees, who are usually working in shifts. Regularly it happens, that the employees are up to 24 hours in charge to pull through the narrow margins, inside which the project has to be finished.

This signifies to the employees a risk of developing stress.

3.3.2. Position of the problem

An employee falls out with heart complaints. He is operated, becoming a number of by-passes. After some time, he is resuming his work partially. He needs time to recover.

3.3.3. Course.

The planner, who has to take care, the sich employee will reintegrate, does not handle the restraints of the employee carefully. He is placed in long services, which cannot be handled by the employee. When the employee refuses to cooperate, the planning of the activities comes in danger.

3.3.4. Discussion

Heart complaints, resulting from work strain, have been the subject of study for a lot of investigators. The SHEEP study (Reuterwall e.0., 1999) has been set up in Sweden to test several hypotheses about the influence of the work strain to the health of the work force in a large scale. The investigation has been set up in 1999 to look to known employees from known groups of risks regarding to the development of a myocardial infarction. Known groups of risk are employees, who are working with physical and chemical toxic products.

The employees from these risk groups lack decision latitude in their work and therefore run more risks of developing stress. Also to these risk groups counts, what Meijman and Dormolen indicated in their stress model. The findings of Meiiman and Dormolen in case of a physical reaction to a longstanding stress period, was earlier, exposed in chapter 2, under sub paragraph Coping. When the employee resumes his work, before the level of adrenaline has been normalised, the chance increases, of causing damage in the form of hypertension and other cardiovascular diseases.

Subject to the trade-union work agreements is just the creation of such a condition to the employees, that they may take a rest sufficiently, after a period of working. The foundation of promoting the quality of company health care in The Netherlands (the SKB), does its utmost to better the quality of working surroundings. It co-operates with the Dutch centre for professional diseases and attends to publications and workshops.

When the motives and skills of the employee do not correspond with the demand of the real work activities, there is a risk of an inducement to a biological reaction. Several stages are passed, before the stage of exhaustion is reached, with physical affections.

Siegrist (1997), who developed the effort-reward-imbalance stress model, which has been described in the introduction, has investigated the risk of the development of cardiovascular diseases for several professions and work conditions. Also Selye (1970), from whom the General Adaptation Syndrome has been named in chapter 2, has undertaken investigations in this field. Selye was the founder for the examination of the physical consequences of stress. He founded the International Institute of Stress in Montreal.

The case shows here a stress model as well followingSiegrist, as following Michigan as well, and of Meijman van Dijk, Karasek. The way of coping, namely following the interaction model and the predisposition model, debouching into stress, takes a central place in the stress models.

3.4. Case. Example VIII from own practice, a computer-service-company

3.4.1. Introduction

When an employee lacks the right education to cope adequately with the kind of work problems, a stress-situation develops, reproduced in the diverse stress models. When a personality problem is to discussion, leading to a deviating form of coping, as in the predisposition model (Chapter 2, Coping), again an inducement to stress exists.

The strain-taxability model of van Dijk and the Michigan model following Caplan discuss both the taxability of the employer and form in these models a central value. That the reader may conceive oneself the situation clearly, again the scheme of the composition of factors of the stress model of Michigan is represented here.

Social surrounding	
Objective stressors	subjective
Stressors stress	reaction health
Personality	

The stress model of Michigan

3.4.2. Position of the problem

A service-employee of a computer-service company has followed only a limited education for the work she is performing. She hopes to be able continuing with an important order provider, where she had been sent out for several months. Before the decision had been taken about the prolongation of the contract, it became clear, that she had to report herself ill, because of physical complaints.

3.4.3. Course

Notwithstanding the utter effort of the employee to work on her reintegration, she does not succeed in getting off her physical complaints. She had to report herself completely sick. She would take a time-out to recuperate.

It appeared soon, that her employer became a bankrupt. The employer reported the employee did not have much experience in the field of software development.

3.4.4. Discussion

Probably it was the limited experience, by which she did not manage. In first instance she had fallen out partially, when she obviously was still in the alarm stage. Then she was found in a stage of exhaustion, when she experienced the reintegration attempts in such a way as burdening (Selye, 1970). The course is identical to how the description passes of theoccurrences following the General Adaptation Syndrome. In this situation the development of stress is above all determined by stressors of the work demand and the way of coping with the working circumstances.

With this, several stress models have been tested in acase, which put on order the development of stress on the following fields: These concern the work demand and the social surroundings (economical situation) as (objective) stressors, situated in the acceptation of the work demand;Further the subjective stressors, presented in the interaction model, which indicates the influence of the personality on the way of dealing with stress and the relation to the development of a sickness and specific stress reactions.

3.5. CASE IX. Example from own practice of the matrix-organization, an environment project organization

3.5.1. Introduction

A good self-knowledge helps to function well and this applies above all to the function of manager. Earlier in this chapter, in the introduction, qualities were indicated, which contribute to the well functioning of the manager and the employee. A regular further education plays a part in that the manager may test himself and to develop his own

The employee will take up a self-assertive position and easier negotiate with colleagues and team fellows the aim, the division and eventually the organization have made to keep producing well. The personal effectiveness is a quality, which the manager does succeed in his purpose of running the communication with the own and other divisions ascorrect as possible.

3.5.2. Position of the problem

An employee in a company, which develops projects of soil reorganization and other projects to improve the environment, had conceived the idea since a long time of making promotion inside his team. His employer gives him to understand, that he did his work well and that this would lead to a function of manager inside the team. When the new function of manager is released at last, appears, that a colleague has been selected. When the employee protests, he is successful. Nevertheless, he becomes the function. He records himself sick however after several months, with complaints of headache and bad sleeping. He had planned a big journey for his holidays. The employer judges it wise to visit the company doctor for this. For the employer it is not certain, if the employee is able to cope with the demands of such journey, under the given circumstances.

3.5.3. Course

The employee will yet attempt the journey, taking care of sufficient rest on the way. The journey has passed to satisfaction. The employee has reported himself partially recovered, hoping of being able to reintegrate in a short term.

Yet it annoys him, being passed for the job in the first instance. He has also doubts concerning his work surroundings. He does not fell sufficient support. It is obvious, that the employer is not convinced about his capacities of being able to fulfil the position as a manager. The employee suffers a lot through it.

The question is, if the employee may remain in his function. In consultation with the company doctor, he has adapted his busy private life a little, so that he reserved some more energy for his work. He adjusts the trainings scheme of his fitness program. At last he resumes his work fully. It is uncertain, if the employee may remain in future in his function.

3.5.4. Discussion

The reciprocal contacts were obviously not sufficient to pass the communication clearly about the new job. The initial action to appoint another employee on the vacant place, instead of the named employee, had been stopped without any clear reason. Towards the employee it had not been explained, that he had been chosen because of his qualities.

The stress model, fitted to this situation, again is the Michigan model of Caplan, in which the psychosocial conditions form the most important reasons to the development of a stress situation. The employee has developed a specific stress reaction by the specific development of subjective stressors, following the interaction model, going with it, and especially the transaction model.

The transaction model is directing itself towards the influence of the personality on the interpretation of the events, as indicated before, in chapter II, in section 2.5.4.1, dealing with coping, to experience them by the person as stressful. By the nature of his personality, the person creates certain situations and he chooses a certain action.

Chapter 4.

The Stress Models Tested

4.1. Introduction

In the chapters 1, 2 and 3 specific stress models have been tested for 3 groups of organisation forms, which are representative for existing organisation-activities. The meant organization forms have each an own kind of problems. In the 9 practice examples, clearing has been tried how varied the occasion may be to a stress reaction. The results of the findings are discussed in this chapter.

4.1.1. The functional organization

The functional organization has been composed of work-units. It is important here, that the employees answer certain function demands. The employee will take care of employing qualified employees. The divisions have to be organized, sothat the work surrounding is of good quality. The employees need a good work definition, a good recompense, the sight on promotion and re- and further education. Emphasis is lying on the specialisation of the employees.

The social context and the feedback with the manager are important. This is typical to the Michigan model. We saw 3 examples from practice. We have an example from the IT-sector, which deals with an internet supply. We saw the case with the quality employee in the laboratory, the problem of the social welfare employee in the public health care, in cases I, Il en III.

The typical risk of a functional structure has been presented in the stress model following Michigan. Inside the model there is extra risk for stress, when not enough attention is made towards autonomy, learning capacities, and the building of learning moments. These stress moments are represented in the stress model of Karasek-Theorell.Longstanding overloading by means of an imbalance of demand and reward, career possibilities, high job strain, has been posed in the model of Siegrist.

4.1.2. The product organization

The product organization has its own composition of problems. The divisions take care of the production and the assimilation in a large field. The accent falls rather on the direct strain of the employee, who delivers a perceptibleproduct. Examples have been described in chapter 2, in the form of a packing company, a production company, and an interim business, in respectively case IV, V and VI.

To have every division well function it is necessary, that the participation of tasks balances and the demand of the employee has the right dimensions. The employee works in a system, where every employee is working at the same product, in another link in a system. In the production line it is important, that above all attention is paid to the quantitative strain and that there is a view to the extent of the work demand to see if it is compatible with the taxabilityof the individual employee.

In the product organization the Michigan stress model is of a central interest.

4.1.3. The matrix-organization

To the matrix-organization it is important, that the employees in a project team are well put into a scheme. We have seen examples in chapter 3 in the form of a road upkeep company, a computer service company and an environment project organization in the cases VII, VIII and IX.

The risk analyses for the building of the scheming have to be as precise as possible as for the estimated competences and the insertion of disciplines. The employees have to possess a good communicative attitude. When the planning does not balance, or if the communication does not run well, there is a reason for the development of stress. A mistake in the scheme can not be easily repaired after the event.

For the matrix-organization the Michigan model is a good reference and indication of the possibility of the development of stress. To the companies, where are often used shift duties, the risk of stress is getting such, that more stress models are necessary to be able to well representthe stressors. Then the models of Meijman, Siegrist, van Dijk and Karasek (work strain, work demand) come up for discussion.

4.2. Conclusions:

4.2.1. The stress model:

In the models of organizations, in two conditions a combination of stress models is needed to present the riskof developing stress and the stressors, belonging to it. These two conditions are:

1. Shift services of the matrix-organizations (see section 3.3.4.)
2. Functional organizations (see section 1.3.1.6.)

Of these two named organizations the shift service of the matrix-organization is the most demanding form to the development of stress. This is the result of the fact, that there are also professions, which are more disposed to stress. These professions are extra sensible to the stressors, indicated in the discussed stress models.

Employees in shift service, white collar personnel, workers, who come into contact with physical and chemical toxic products (Baker, 2002) are sensible to stress.

The common stress model for every form of organization is the Michigan stress model and is shown again as follows:

Social surrounding	
Objective stressors	subjective
Stressors stress	reaction health
Personality	

4.2.2. The impact of work stress to the employee

The origin of illness, coming from stress, is lying in the insufficient recovery of a work load. From long before, the relationship between risk factors in work load and the development of detriment of health is a known fact (Hautman,

2005). New, is the psychosocial approach of the health risks in the work surrounding.

4.2.2.1. Definition of work stress

Work stress can be defined as the harmful physical and emotional response, which occurs, when the requirements of the job do not match the work capabilities, resources, or needs of the worker.

4.3. The relationship between the stress model and the change- and stress management

4.3.1. Introduction

Stressors are always present. They may develop from uncertainty of the job, problems in private circumstances (social circumstances), from a bad relation with the employer, problems on the work floor (subjective stressors).

There are positive and negative stressors. Positive stressors may form a counterbalance against the negative stress. They may be produced from a renovating force within the organization (J. Kok, 2005). The renovating force develops, when a renovating research division inside a company sufficiently influences the operating departments and thus is integrated in the ambidextrous organization (Birkinson and Gibson, 2004).

The research department is looking for new ways of growth by renovation of all departments. The structure of a department and the company culture will have to be such, that the renovating activities may be implicated.

The following characteristics of a learning organization are described by Duft (2001): The tasks are defined largely and there is a long term strategy. Such organizations are a model as organic structures, so to say, that the decisions are taken decentralized and the company culture is formed by adaptive processes. There is always a challenge, which keeps the employees on the alert. They remain in a positive stress situation.

Renovating, learning organizations, or organic structured companies (de Moor, 1990), are able to take risks, renovating quickly. They can carry out experiments, without being damaged. The reward system and the status of the employee are directed to improvement. In healthcare, hospitals and patients may profit of new developments, when the renovating department inside an institute sufficiently is integrated in the operating departments.

Inside the renovating organization, there is question of the discussed stress models, when the different requirements of psychosocial surroundings, ambitions and talents are not matched. The stress models form a guide to renovation, as to the way, in which the position of the individual employee has to be respected.

4.3.1. The elderly employee

A renovating organization knows to manage the ageing of the personnel and to meet the risk of it. The management adjusts itself continuously and will take measures to prevent, that employees are set aside because of age problems. When the moment has come, that elderly people stay longer in the work process, the management towards the elderly employees will get more interest.

A learning organization will attach more weight to the experience of the elder employee. This experience is needed to be able to carry through innovating measures.

4.3.3. The innovating manager

Tushman en O'Reilly (2004) found in their investigation, that ambidextrous organizations (see the introduction 4.3.1.) have to be managed by managers of the same ambidextrous orientation, or innovating managers, to have innovations and reorganizations succeeded.

Tushman en O'Reilly (1996) defined the following in a former study about the innovating manager: The manager is there to make sure, that the organization does not get arrogant and continues in willing innovating and to learn.

Kanter (2004) sees the innovating manager as follows, after a study, in which the effectiveness of acting was regarded with 165 managers in 5 big companies. The innovating manager has more power of persuading than ordering; He has the insight of building a team, he looks for inputs of others and acknowledges stakes. Besides he knows sharing of rewards and success, with a collaborative attitude.

Elisabeth van der Gulik

4.3.4. Stress management in case of uncertainty about job loss as a result of taking over and far reaching reorganizations

When an enterprise suddenly has to change course, by an unforeseen event, for example by economical factors, a threatening situation may develop.

Caplan, Amiram, Vinokur, Price and van Rijn (1989) have made an investigation to the reaction of the employee to job loss. They describe an experiment with a large population of job seeking people. Caplan and others developed a model, which had to lead to the motivation of unemployed and the improvement of their skills. Care was taken for social intervention by organising workshops and the involvement of accompaniment by a trainer.

The results were positive. The job seekers developed more self esteem, even when they found themselves unemployed for a longer period so that they succeeded in finding a job. It is not only an indication of how job seekers may be accompanied the best, but also, how the model can be used for employees, who meet with threatening of unemployment. The model is a guide to stress management. Again the importance of psycho-social factors has been proved, as it is presented in the stress models.

4.3.5. Communication and stress management inside the company

Imagine: The board ascertains: there is a stress problem inside the company.

To develop a conduct to the management of stress in an organization, we need to schedule the problems representing the presence of stress. These problems may be: increased sick reports, complaints about work surroundings. Further the stressors, or the stimuli, being the reason for the stress reaction, are found out.

That the employees will be conscious of their situation, communication is the first requirement. An important start to communication is the information of the managers, up to the direction, about the problem. Hereto a circular letter may be sufficient, but also a video, a round table conference, may contribute to information. A discussion has to come out between all employees. The problems with the employees and those on the work floor are brought to a schedule. When it is apparent, that an organization problem is at cause, a beginning might be made with the searching for a solution.

Kompier (1999) says, there are 4 instruments for the measure of the stress situation at work. These are: questionnaires and check lists, administrative data about the number of accidents, sick leaves percentages, measures and observations of the work place, physical tests. The check lists and questionnaires may be classified in branch specific, questions about health, questions about the work surroundings. A known check list is the Job Content Questionnaire of Karasek.

4.3.6. Measures, once the stress has been Determined

The following measures may be taken, dependent upon the nature of the stressors.

- When the stressors have been situated in the job demand by the work quantity, the work rhythm, defects on the work place, no adjusted furniture, lack of motivation, then adaptations have to be undertaken, according to the problem. The work rhythm may be adjusted, the work demand may be adjusted; latitude may be adapted like flexible working hours, organization of the work demand.
- The employees get better informed about the function and they have a further education.
- The employees may consult a confidential person to discuss conflict situations on the work floor.
- Measures have to be taken on all levels inside the organization. On all levels, meetings are to be held.

Chapter 5.

Stress Preventing Measures

5.1. Introduction

A foundation to the measures of prevention of stress is lying in the legislation. Thus in Belgium a Law of Welfare has been fixed, that a CAO, to the prevention of stress, is a generally taken measure. The law determines stress a negative experienced state, which is accompanied by complaints of dysfunction in a psychical and/or social way and which is the consequence of the condition, employees are not able to fulfil the requirements and expectations, which are posed from the work situation.

5.2. The TOMO-checklist as a guide

The measures, necessary to prevent stress, concern following Houtman (1999) four fields of attention. The TOMO-checklist may be used to set, on which field an employee does not feel well at his work. The attention fields are the following:

- The contents of the work, the work quantity demand, rate, degree of difficulty, responsibility, (un)clearness of task demands
- The work conditions, noise, climate, lightening, work posture

- The work conditions, work- and rest periods, reward certainty of the job
- The work relations, management, social support, discrimination

Named fields of attention are a source of solicitude to the employer, who the responsibility of the management possibly will leave to the division of human resources and if possible to a human resource co-ordinator. The company doctor will give advice in this matter, so that decisions will be taken of management adjustments and of health examination. In big organizations a commission of human resources may discuss the running affairs with the company doctor in a regular social medical team meeting.

5.3. Six co-ordination mechanisms

Following the American organization specialist H.Mintzberg (1979) there are six co-ordination mechanisms, which determine the different company structures. These mechanisms are present next to each other in the same company and their influence is for each of them different, depending of the situation. We meet the following mechanisms:

1: Reciprocal attuning:
The work is ruled reciprocally by those, who do the work, without many formal procedures. The attuning takes place within an informal, simple one to one communication. This way of communication is found again as co-ordination mechanism, as with the simplest organization, with simple proceedings, by a few people, as with the most complex organization, by a few people and by difficult new activities (informal communication, de Moor, 1997).

2. Direct supervision:
A person is in duty, responsible to the work, delivered by others. He gives instructions, distributes tasks and he keeps an eye to the obtaining of the posed aims.

3. Standardization:
Standardization is another co-ordination mechanism, which leads the proceedings on the right ways, instead of by reciprocal attuning and standardization. This process is applicable to a relatively simple organization of activities, as with production work, and with work by doctors.

The mechanism of standardization of the proceedings runs as follows:

a: the activities can be fixed, as by assemblage proceedings. This is the standardization of the **activities.**

b: the knowledge and skills are tested by a standardized training. By this, standardization takes place of **knowledge and skills,** by which the employer gives security to the work proceedings.

c: the division leaders or the employees themselves, have a big latitude to attain their aims, but they are fixed to certain industrial results. An example is a taxi driver. This is the standardisation of the **results.**

d. when the different work proceedings in an organization are determined by the business culture, we speak of standardization of **norms.** This is expressed in a selective contract management or in another way of understanding of the business ideology with the employee.

The named co-ordination mechanisms are inserted in the organization on the ground of power- and decision making and can change with the time. By the advanced technology the employees are getting more important (Branden, 1999). The manager will respect the team members and he will be aware, that all employees are important for the work process (van der Gulik, 2004).

5.4. The importance of the personality structure of the employees

In my little book Het Verzuimgesprek The Absenteeism Conversation (2004) the importance of the personality structure of the employee is explained. To the recovery and the coping with longstanding stress-situations certain personality structures are prepared for it. The disposition for coping with a stressful affair may vary from an avoiding and flight reaction, from seeking social support, from talking to colleagues or friends, from thinking of solutions to the situation to emotional reactions (Naugton, 1997).

Certain personality structures will be inclined to develop a good style of coping. These personalities include extravert (social, optimistic and directed to persons) personalitystructures, open personalities, conscientious personalities, autonomous persons (they analyse the situation to try and minimise the problem and reduce it). Looking for a solution is better than emotional, flight behaviour (Lazarus and Folkman, 1984).

The composition of the teams is determining for the good atmosphere and collaboration (Atkins and Katcher, 2003).

Companies sometimes still appreciate selecting employees via a psychological test.

Considerations

The presence of stress in a company hinders the work process. The employer has to know; which mechanisms contribute to the development or stress.

In last century numerous investigators have been investigating the development and the consequences of stress. They studied the effects to the physical and mental well-being of the individual. Several coping mechanisms appear present, which may serve to a person, who is confronted with a stressing situation. The way of coping is related to the personality structure.

Beside of it models have been developed of factors, which attribute to a stress-situation in the work surroundings. Because the employee in a company nowadays has to deal with psychosocial stressors, appears in this study, that the model of Michigan above all is going into it and may be found in most examples of the cases.

Groups from the work force, who has an increased risk of developing heart complaints, as a result of stress, are employees, who are working in shift service, white collar workers, workmen, who make contact with physical and chemical toxins.

Via a check-list may be traced, in which way the employee has developed complaints. A check-list, which verifies especially the stressors from the work surrounding with the employee, is the TOMO-checklist.

Conclusion:

For an employer it is important to see to it, that stress on the work floor is prevented. In a work surrounding the following factors have to be in accordance with the tasks of the employee: the work contents, the work circumstances, the work conditions, the work relationships. These factors may be found in the different stress model, as they were tested in this book. The employee a questionnaire may be offered to test their satisfaction.

The lack of latitude, social support, too few learning possibilities, the lack of reward, esteem of the employee or too few possibilities of recovery cause a bad attuning with the individual taxability and are an origin of stress.

Literature

Adyin & Rice (1992). Summary and conclusions. Bron:
http://www.robinbt2.frec-*online.co.uk/edinburgh/
mod8/sec14/p31.htm*.

Atkins, S. & Katcher, A. (2003). Getting your team in
tune. *Human Resources Magazine*, 90-92.

Baker, D., (2002). Workplace psychosocial factors in
occupational health. In: *Overview symposium UCLA*,
nov.5 th, 2002.

Birkinshaw, J. & Gibson, C. (2004). Building
ambidexterity into an organization. In: *MIT Sloan
Management Review*, 45,47-55.

Branden, N., (1999). *Werken met Zelfrespect*. Baarn: Tirion

Caplan, R.D. & Vinokur, A.D., & • Price, R.H. (1997).
From job loss to reemployment field experiments
in prevention-focused coping. In: Albee, G.W. &
Gullotta, T.P. (Eds.). *Primary prevention works*.
Thousand Oaks, C.A. Sage Publications, Issues in
children's and families' lives, 16, 341-379.

Caplan, R. D. & Amiram, D. & Vinokur, A. D. &
Price, R. H., & van Ryn, M. (1989). Job seeking.
reemployment, and mental health: A randomized field
experiment in coping with job loss.*Journal of Applied
Psychology*, 74, 759-769.

Daft (2001), *Organization theory and design*, 74 edition.
Cincinnatti, South Western College Publishing.

Dik, F.J.H. van (1990), Herwaardering model blasting
belastbaarheid. *Tijdschrift voor Sociale Geneeskunde*,
68, 3-10.

Dormolen, M. van & Kompier, M.A. J. & Meijman, T.F. Herwaardering model belasting - belastbaarheid, *www.arbo-sagberoepsvervoer.nl/teksten2.htm.*

Fahlen, G. & Peter, R. & Knutsson, A. (2004). The Effort-Reward Imbalance model of psychosocial stress at the workplace—a comparison of ERI exposure assessment using two estimation methods. *Work & Stress, 18, 81-88. Taylor and Francis Lid.*

Gulik, E.T.M. van der (2004). *Het Verzuimgesprek The Absenteeism Conversation.* Bloomington, AuthorHouse.

Houtman, 1. (1999). *Gezond ondernemen, 3.*

Kanter, R.M. (2004). The middle manager as innovator. *Harvard Business Review, 82, 150-161.*

Karasek, R. & Theorell, T. (1990). *Healthy Work, Stress, Productivity and the Reconstruction of Working Life. Basic Books.*

Karasek, R. (1990). Lower health risk with increased job control among white-collar workers. *J.Occ Behav.*

Karasek, R. & Baker, D. & Ahlblom, A. & Marxer, F. & Theorell, 'I'. (1981). Job Decision Latitude, Job Demands and Cardiovascular Disease: A Prospective Study of Swedish Men, *American Journal of Public Health,* 71, 694-705.

Katz, D. (2003). Managing Technological Innovation in Business Organizations. *The international handbook on innovation.* Amsterdam, Elsevier Science.

Kleber, R.J. (1982) *Stressbenaderingen in de Psychologie.* Deventer, van Loghum Slaterus.

Kok, J. (2005). Stimulating integration of departments within the ambidextrous organization. *2nd Twente student conference on IT.* Enschede.

Kompier, (1999). In: Mentale belasting meten. *Werk &*
Welzijn, 1.

Lazarus, R.S. & Folkman. S. (1984). *Stress, Appraisal, and*
Coping. New York, Springer.

McCann, J. & Galbraith, J.R. (1982). Interdepartmental
relations. In: *Handbook of organizational Design..*
Nijstrom P.C., Starback, W.H. (Red.). New York,
Oxford University Press

Mintzberg, H. (1979). *The structuring of organizations,*
Englewood Cliffs

Moor, W. de (1997). *Grondslagen van de interne*
communicatie. Houten/Diegem, Bohn Stafleu van
Loghum.

Naugton, FO. (1997). Stress and Coping. *http://www.csun.*
edu/--vepsy00h/students/coping.htm.

Norman, P.M. & Palich, L.P. & Livingstone, G.R. &
Carini, G.R. (2004). The role of paradoxical logic
in innovation: The case of Intel. In: *Journal of high*
technology management research, 15, 51-72.

Nijstrom, P. & Starback, W. (1981). *Handbook of*
organizational design. New York, Oxford University

Opleiding & Training (2004). *Fem,* 11, 15-16.

Peters, R.(1995). *Leeftijdsbewust Personeelsbeleid.*
Zaltbommel,

PowerProject in: *http://www.zbc.nu/main.*
asp?ChapterID==1653.http:nl.prevent.be/
print/4YRGCD-02. Werkstress Beheersbaar (Hoe
omgaan met stress op het werk).

Reuterwall, C. & Hallqvist, J. & Ahlbom, A. & De Faire,
U & Diderichsen, F. & Hogstedt C. &, Pershagen,
G. & Theorell, T. & Wiman, B. & Wolk, A. (1999).
Higher relative, but lower absolute risks of myocardial

infarction in women than in men: analysis of some major factors in the SHEEP study. The SHEEP Study Group. *J. Intern. Med.*, 246, 161-174.

Selye, H (1956). *The Stress of Life*. New York, Mc Graw Hill

Selye, H (1946). *Stress without distress*. Philadelphia, Lippincott Co.

Siegrist, J. & Klein, D. & Voigt, K. H. (1997). Linking sociological with physiological data: the model of effort-reward imbalance at work. *Acta Physiol Scand.* special issue November

Tushman, M.I. & O'Reilly, C.A. (2004). The ambidextrous organization. In: *Harvard Business Review*, 82, 74-82.

Tushman, M.I. & O'Reilly, C.A. (1996). Ambidextrous organizations: Managing evolutionary and revolutionary change: *California Management Review*, 38, 8-30.

Visser-Westerbrink, J.A. (1996). Handbook Middle Management. Organisatiestructuren.

Whitmore, J. (2003). *Succesvol coachen.*.Soest: Uitgeverij Nelissen. (www.W1U.edu/psychology/2005/ classwebpages/ spring2005/files/32151Personalitystres scoping 'Healthpdf)

Wortman, E. & Sellink, R. (2002). *Controllers Magazine*

About the Author:

De schrijfster was na haar studie geneeskunde van 1980 tot 2012 werkzaam als arts.

After her medical study the author has been active as a medical doctor from 1980 till 2012.

www.ingramcontent.com/pod-product-compliance
Lightning Source LLC
Chambersburg PA
CBHW032059020426
42335CB00011B/413